민주공화국
대한민국의 탄생

민주공화국
대한민국의 탄생

우리 민주주의는 언제, 어떻게 시작되었나?

김육훈 지음

Humanist

머리말

대한민국은 어떤 나라인가

책을 써야겠다고 처음 생각한 때는 2008년이었다. 정부 수립 60주년이 되던 바로 그해, 이명박 대통령이 취임하였다. 취임 첫해를 맞은 이명박 정부는 광복절을 건국절로 바꿔 부르자고 하더니, 8월 15일에는 건국 60주년 행사를 성대하게 치렀다.

'건국절'이라는 명칭은 무척 낯설었고, 쉽게 받아들일 수 없었다. 그렇다면 '개천절은 어떻게 되나.' 하는 간단한 의문도 생겼고, 우리 헌법에 "대한민국 임시정부의 법통을 계승했다."라고 명시한 사실도 떠올랐다.

건국절을 주장한 이들은 거침없었다. 1948년에 대한민국이 건국되었으니, 건국을 주도한 이들의 건국 정신을 기리고 그들을 건국의 아버지로 추앙하자고 나섰다.

그들의 말대로라면, 분단을 막기 위해 단독 정부 수립을 반대하였던 김구는 '반(反)대한민국적' 인물이다. 그런데 과연 김구를 '반대한민국적'이라거나 '반국가적' 인물이라고 매도하고, 친일파조차도 단독 정부 수립에 참가하였다면 건국의 아버지로 추앙해야 하겠는가?

2008년부터 4년 동안 역사교육계에 유례를 찾을 수 없는 일이 일어났다. 발단은 교육과학기술부가 저자의 반대를 무릅쓰고 임의로 교과서 내용을 수정한 일이었다. 그다음에는 교과서 집필이 끝난 상태에서 서술의 기준이라 할 교육과정을 바꾼 일로, 그렇게 바꾼 교육과정에 따라 만든 교과서를 사용하기도 전에 교육과정을 또다시 바꾸었으며, 역사교육과정에서 민주주의란 말을 죄다 '자유민주주의'로 고치도록 한 일이 있었다.

역사를 공부하고 가르치는 일을 하는 이들은 그때마다 문제를 제기하였다. 국가의 교육과정은 민주적 절차에 따라 만들어져야 하며 정권이 바뀔 때마다 학생들이 배울 역사가 달라져서는 안 되기 때문이다. 그러나 역사학계와 교육계의 문제 제기는 모두 묵살되었다.

역사교육을 둘러싼 논란의 중심에는 '대한민국은 어떤 나라인가?' 하는 질문이 있었다. 이 책은 한 사람의 역사학도로서 이 질문을 정면에서 다룬 결과물이다. 누구의 입장을 논박하려거나 필자의 입장을 내세우려는 책이 아니라, 논란을 벌이기에 앞서 사실(fact)을 확인하고 증거에 입각하여 말하며, 무리한 해석을 시도하기보다는 다른 나라의 사례나 학문적 개념을 점검하려 노력하였다.

책에서 던진 질문이 거창하지만, 누구나 관심을 가질 만한 주제를 중심으로 쉽게 읽을 수 있도록 쓰려고 애썼다. 민주주의의 역사는 민주적인 글쓰기로 서술해야 한다는 말을 늘 새겼기 때문이다. 새로운 사실을 많이 소개하기보다는 독자들이 자신의 생각을 돌아보도록 하는 데 주안점을 두었고, 새로 알게 된 사실을 바탕으로 독자 개개인이 생각의 날개를 펼치는 데 도움을 주려 하였다.

 오랜 세월 상식처럼 받아들여진 역사적 사실을 다시 짚어 볼 수 있도록 좋은 연구를 해 주신 역사학자들에게 가장 먼저 감사드린다. 그들의 노고가 깃든 연구를 접하면서, 새로운 미래를 상상할 수 있는 힘을 역사 속에서 찾을 수 있다는 사실을 배웠다. 이 기획이 또 다른 배움의 시작이 되기를 소망한다.
 어려운 출판 상황에서도 이 기획에 선뜻 동의하여, 정성껏 책을 만들어 주신 휴머니스트 편집부에 감사드린다. 그리고 책읽기와 글쓰기에 몰두하느라 소홀하였던 가족에게도 미안함과 감사의 마음을 전한다.

2012년 광복절을 앞두고

김육훈

차례

머리말 · 대한민국은 어떤 나라인가 5

프롤로그 대한민국사 여행을 시작하며 10

1 고종이 홍영식과 대통령제에 대해 토론하다   20
민주주의란 말을 언제 처음 알았을까?

미국에는 대통령이 있다 | 세상에는 여러 나라가 있다 | 최한기, 민주정치를 발견하다 | 임금과 백성의 권리가 같다니! | 구미입헌정체

2 최초의 민주주의자를 찾아서   38
민주주의 실천의 기원은 어디서 찾을 수 있을까?

실패한 쿠데타 | 입헌 정체를 탐색하다 | 최초의 민주주의자는…… | 민중적 지식인 전봉준 | 인민 자치를 실험하다 | 왕은 있으나 왕권은 없다 | 민주를 적대한 자유, 갑오개혁의 비극적 종결

3 의회와 헌법을 상상하다   64
민주 정치의 제도화는 어떻게 시작되었을까?

1896년 조선, 공론장이 열리다 | 주권은 누구에게 있나? | 중추원을 고쳐 의회처럼 운영하자 | 나를 체포하라 | 황제의 대반격, 그리고 〈대한국 국제〉 | 그런데, 왜……

4 군주제에서 민주공화제로   88
민주공화제를 우리 것으로 삼은 때는 언제였을까?

구한국이 사라짐을 통곡하며, 신한국 건설을 축원한다 | 새로운 대한을 상상하다 | 고종에게 망국의 책임을 물을 수 있을까요? | 공화 만세! 민국을 상상하다 | 대동단결하여 임시정부를 수립하자

5 3·1운동, 마침내 대한민국이 탄생하다   106
대한민국은 언제, 어떻게 탄생하였을까?

주권민유를 선언한 3·1운동 | 대한독립 만세, 공화 만세! | 대한민국을 수립하다 | 헌법의 아버지 조소앙, 민주공화국의 시대를 열다

6 혁명의 시대, 자유와 평등을 양 날개로 삼아   122
우리가 이해한 민주주의는 무엇이었을까?

혁명의 시대 | 민주주의를 상상하다 | 《동아일보》……, 민주주의와 자본주의 | 민주주의의 두 날개 | 치안유지법, 민주주의의 왼쪽 날개를 자르다

7 민주공화국, 식민지 너머의 꿈   144
독립운동가들은 어떤 국가를 상상하였을까?

나라가 없다는 것 | 문제는 식민지 자본주의, 대안은 민주주의 | 독립을 꿈꾼다는 것은? | 균등 사회를 꿈꾸다 | 대한민국의 설계도를 만들다

8 선거를 통해 민주공화국을 세우자   164
해방, 국가를 어떻게 구성할 것인가?

암흑의 세월? | 그날이 오면…… | "결정적 시기 무장봉기"로 독립을 쟁취하자! | 미국과 소련, 그리고 대한민국 | 1945년 8월 15일 | 선거를 통해 민주공화국을 세우자

9 남과 북, 분단으로 치닫다   188
분단의 원인은 무엇이며 정녕 피할 수는 없었을까?

돌아온 이승만 | 대한민국 임시정부와 조선인민공화국 | 모스크바 3상 회의…… | 신탁통치 반대냐 임시정부 수립이냐 | 합작인가 단독 정부인가 – 38도선 이북의 선택 | 민주의원과 민전, 그리고 미군정 | 미소공동위원회, 통일 임시정부 수립을 가늠하다 | 분단을 피할 수는 없었을까?

10 대한민국은 민주공화국이다   214
대한민국 헌법에는 어떤 이야기가 아로새겨져 있을까?

분단으로 치닫다 | 두 개의 헌법 초안 | 두 개의 선거법, 그리고 첫 선거 | 헌법을 만들다 | 대한민국은 민주공화국이다 | 대한민국과 조선 민주주의 인민공화국

에필로그 1948년, 대한민국은 어떤 나라인가? **236**

부록·대한민국 헌법(1948. 7. 17.) **249**
본문의 주 **265**
참고문헌 **271**
찾아보기 **278**

프롤로그

대한민국사 여행을 시작하며

대한민국은 민주공화국이다.
대한민국의 주권은 국민에게 있고, 모든 권력은 국민으로부터 나온다.

대한민국 헌법 제1조입니다. 헌법 제1조라 하면 헌법이 지향하는 가장 중요한 가치, 어떤 경우에도 흔들릴 수 없는 지향을 담은 문장이 겠지요.

워낙 자명하다고 여기는지, 이 문장에 관심을 기울이는 사람이 흔하지는 않습니다. 활발하게 토론하거나 학교에서 가르치는 모습도 흔한 일은 아니지요. 그러나 잘 살펴보면 그 뜻이 자명하지도 않으며, 심지어는 이 말을 잘 모르는 게 아닐까 하는 생각도 듭니다.

가장 초보적인 질문 몇 가지만 던져 볼까요?

"대한민국이란 말이 무슨 뜻입니까?"

"'대한'이란, '대한민국'이란 나라 이름은 언제부터 쓰였으며, 어떤 뜻에서 쓰기 시작한 말입니까?"

"'민주'는 무엇이고 '공화국'은 또 무엇인가요. '민주공화국'은 어떤 나라를 가리키나요?"

"우리 조상들은 언제부터 민주와 공화국이란 말을 알았을까요? 그리고 민주공화국은 언제부터 우리에게 현실이 되었을까요?"

자신 있게 대답할 수 있는 질문이 몇 개였나요?

대한민국을 설명하는 가장 중요한 헌법 조항의 참뜻이 널리 알려지지 않고, 그 조항에 담긴 의미가 음미되지 않는 현실을 어떻게 보아야 할까요?

대한민국이 1948년에 건국되었다고 주장하는 사람들이 있습니다. 그들 중에는 한국인이 민주주의를 해방 후 처음 알았고, 한국의 민주주의는 미국식 민주주의를 이식하였다고 생각하는 이가 많습니다. 1948년에 건국되었다고 말하지 않는 사람 중에도, 비슷하게 생각하는 이들이 제법 많습니다.

그렇다면 정말 한국인들은 해방될 때까지 민주주의란 말을 몰랐을까요? 1948년에 헌법으로 제도화된 대한민국 민주주의는 미국식 민주주의일까요?

이 책은 시종일관 이 두 가지 문제를 다룹니다. 민주와 공화국이란 말을 언제 알았을까? 그것은 어떻게 현실이 되었을까? 하는 것이지요.

'언제'라는 궁금증은 그 자체로 흥미로운 이야깃거리입니다. 하지만 막연한 호기심만은 아니겠지요. 언제였나 하는 질문은 '어떻게'라는 질문과 복잡하게 뒤엉켜 있기 때문이지요.

이 책은 '우리가 민주와 공화국이란 말을 언제 처음 알았을까?'라는 질문에서부터 이야기를 시작합니다. 그러나 그 질문은 왜 민주와 공화국'이란 말을 필요로 하였을까 하는 질문으로, 그런 말이 받아들여질 수 있었던 시대적 맥락은 무엇이며, 당시 사람들에게 어떻게 이해되고 실천되었을까 하는 궁금증으로 확장될 것입니다.

민주와 공화국에 관련된 생각이 반드시 외국에서 유래했다고 보기도 힘듭니다. 다산 정약용이 자신의 묘지명에 쓴 이야기를 하나 해 볼게요.

정약용은 1797년에 황해도 곡산 수령으로 임명되었어요. 임명장을 받고 부임하기 위해 곡산으로 가던 중 곡산 고을 경계에 막 접어들 때 어떤 사람이 그의 행렬을 가로막았어요. 그러고 나서 한 장의 글을 내놓았지요. 그는 전년도에 1,000여 명의 무리를 이끌고 관청에 들이쳤던 이계심이란 사람이었습니다.

정약용은 묵묵히 그 글을 다 읽었어요. 그러고 나서 "관청이 일을 잘하려면, 백성들이 관청을 향해 자기주장을 당당하게 밝히고 대들어야 한다."라며 그의 표창을 지시하였습니다. 참 특별하지 않습니까? 민란을 다스려야 할 관리가 이런 생각을 하였다니요.

그런데 정약용이 쓴 글 중에는 훨씬 더 흥미로운 글도 있습니다.

다섯 집이 합해서 1린(隣)이 되고 다섯 집에서 린장을 추대하고, 5린이 합해서 1리(里)가 되고 5린에서 추대한 사람이 이장이 된다…… 그래서 왕이 나오고 천자가 나온다. 따라서 천자는 여러 사람이 추대해서 되는 것이다. 이 말은 여러 사람이 추대하지 않으면 그가 천자가 될 수 없다는 말과 같다…… 그러므로 나라가 잘못되면 그를 추대한 사람들이 의논하여 바꿀 수도 있다.

— 정약용, 〈탕론(湯論)〉

혹시 어디서 비슷한 말 들은 적 없나요? 혹시 미국의 독립 선언서에 나오는 "인간은 타고난 권리를 가졌고, 그 권리를 보장하기 위해 국가를 구성하였으니, 국가가 그러하지 못하다면 이를 폐지하고 새롭게 구성할 수 있다."라는 말 떠오르지 않나요?

〈탕론〉에 실린 정약용의 주장은 저 유명한 자연권, 사회계약설, 저항권과 바로 통합니다. 물론 정약용은 이런 말을 알지 못했습니다. 그러나 그는 영국 혁명 이후 태어났으며, 미국 혁명과 프랑스 혁명 후에도 한참을 살았어요. 그러니까 그가 조금만 눈을 들어 다른 세계를 볼 수 있었다면, 그의 실천이 이런 사상과 만나는 것도 얼마든지 가능하지 않았을까요?

다산 정약용이 현대적 의미의 민주주의자는 아닙니다. 그는 분명히 군주제를 지지하였고, 신분 차별을 당연한 것으로 여겼으며, 심지어 홍경래가 난을 일으켰을 때 그를 도적이라 칭하며 의병을 조직하자고 통문을 쓴 적도 있으니까요. 하지만 이계심이나 정약용 같은 사람이 보여 준 정치 실천은 민주와 공화국이라는 새로운 언어와 그리 멀지도 않을 것입니다.

민주주의 국가는 민이 주인인 국가를 뜻합니다. 이 진술은 '민'이 주인이란 뜻과, 민이 '주인'이란 뜻이 담겼습니다.

'민'이 주인이란 말에는 어떤 뜻이 담겨 있을까요? 요즘 우리는 '국민이 나라의 주인'이란 말을 당연한 것으로 생각합니다. 그러나 우리 역사 대부분은 그렇지 않았지요. 나라의 주인은 민이 아니라 왕이었습니다. 그래서 예전에는 국민이란 말도 아예 없었어요.

민의 국가는 어떤 국가일까요? 이 질문에 대한 답은 사실 생각보다 어렵습니다. 민으로 불리는 사람이 같다면 민의 국가도 비슷할 테지만, 민이라 불린 사람들은 시대와 지역에 따라 다르고, 다양한 계급과 계층으로 구성됩니다.

그러니까 '민주주의는 다양하다.', '민주주의는 변한다.'라는 말을 당연하게 여겨야 할 것입니다. 미국의 민주주의와 노르웨이의 민주주의가 다르고, 19세기 민주주의와 21세기 민주주의도 다릅니다. 그렇지만 그 모든 것을 다 민주주의라고 부를 수 있습니다.

이제 민이 '주인'이란 말을 생각해 볼까요? '주인'은 결정권을 행사하는 사람을 가리킵니다. 민이 주인이라면, 국가가 할 일을 민의 입장에서 생각하고 결정하겠지요. 그렇지 않고 군주가 주인이라면 자신의 안위를 생각하며 결정권을 행사하겠지요. 결정권을 누가 행사하느냐에 따라 자신과 나라의 운명이 좌우됩니다. 그러니까 결정권을 차지하기 위해 치열한 경쟁과 대립이 존재하는 것이겠지요.

그렇기 때문에 민주주의는 외부에서 어느 한순간 이식될 수 있는 것이 아닙니다. 어느 나라에서나 민주주의는 그것에 반대하는 세력과 지난한 대결 속에서 성취되었어요. 그리고 민주주의의 구체적인 형태는 그것을 실현하려는 이들이 얼마나 치열하게 성공적으로 싸웠는지에 따라 결정되었습니다.

요즘은 수시로 들을 수 있는 질문, "대한민국은 어떤 나라인가?"

이 질문에 대한 답은 그래서 역사에서 찾아야 할 것입니다. 현재의 대한민국은 수많은 사람이 민주주의를 이루고자 실천한 결과입니다. 현재와 같은 민주공화국의 모습을 갖추기까지 얼마나 다양한 실험과 실천이 있었을까요? 오늘날 대한민국에는 결과적으로 직접 영향을 끼친 실천과 영향을 끼치지는 못하였으나 또 다른 방식으로 흔적을 남긴 다양한 실천이 어우러진 형태일 것입니다. 그러니 역사에 길을 물을 수밖에요.

정약용이 세계를 여행할 수 있었다면, 일본을 방문하여 그곳에 머물던 네덜란드 사람과 하루만 이야기를 나누었어도 새로운 생각을 많이 하였을 것입니다.

세계화 시대를 사는 우리는 다른 나라에서 일어나는 일을 쉽게 알 수 있습니다. 그래서 다른 세계에 비추어 우리를 돌아보고, 다른 세계를 모델로 삼아 변화를 꾀하기도 합니다.

그런데 따지고 보면 조선이 달이나 화성에 있지 않으니, 정약용이든 평범한 조선 사람이든 본질적으로 다르지는 않았을 것입니다. 그래서 우리는 당연히 정약용이 루소의 《사회계약론》을 읽고, 정약용이 미국의 독립 혁명 소식을 듣고, 정약용이 유럽 민주공화국의 이야기를 들을 수도 있었을 것이라고 가정할 수 있습니다.

미국의 독립 선언서를 읽은 정약용이 봉기를 일으킨 홍경래를 만났다면 어떤 이야기를 주고받았을까요? 민주와 공화국이라는 말을 잘 몰랐던 전봉준이 봉기에 성공하여 서울을 장악하였는데, 그곳에서 공화국의 관리인 프랑스나 미국의 관리와 대화를 나눈다면 어떤 정치 체제를 도모하였을까요?

　민주와 공화국 같은 말이 아주 오래전부터 있었던 말은 아니지요. 정약용도 홍경래도 그 말을 몰랐을 것이며, 전봉준도 아마 그럴 것입니다. 그러나 그들이 한 일이 결국 민주공화국으로 가는 길을 가로막는 질서를 반대한 일이었다면, 그들은 미구에 이 말들을 만났을 것입니다.

　이런 가정이 황당무계하게 느껴지나요? 우리 역사의 틀 안에서만 생각하면 그럴 수 있을 것입니다. 하지만 우리 역사는 늘 세계사의 일부였고, 역사는 국경을 넘나들며 만들어졌습니다.

　지금부터 함께할 이야기는 기본적으로 우리 역사에 관한 이야기입니다. 그러나 결코 국경에 얽매이지는 않을 것입니다. 국사와 세계사의 경계를 허물고, 우리 민족의 실천과 다른 세계에서 전해진 새로운 관념을 버무려 가면서 이야기를 할 것입니다.

　이 책은 1850년대부터 대한민국 정부가 공식적으로 출범한 1948년까지를 다루었습니다. 하지만 이 시기 있었던 모든 일을 다루거나, 그 시기에 대한 개설서적 지식을 늘어놓는 데 목표를 두지 않았습니다. 물론 익숙한 인물이나 사건과 만나게 될 것입니다. 이 여행을 함께하면서, 익숙한 듯 보였던 그 시간 속에 낯선 이야기가 얼마나 많은지 생각할 수 있을 것입니다.

　필자는 우리의 역사 교과서를 많이 바꾸어야 한다고 생각합니다. 대한민국이 민주공화국이니까 민주공화국의 형성과 관련된 사실을 기준으로 내용을 선정하고, 학생들이 민주공화국의 건강한 시민으로 자랄 수 있도록 뒷받침해야 한다고 생각합니다. 그런 눈으로 교과서를 보면, 이제껏 중요하게 다루었으나 사라져야 할 것과 이전에는 소개되지 않았으나 중요하게 공부해야 할 것, 똑같은 사실이라도 다른 각도에서 생각할 것들이 많습니다.

이 책은 "대한민국은 민주공화국이다."라는 이 한 문장을 늘 마음에 새기며 썼습니다. 대한, 민국, 민주, 공화국이란 단어가 등장하는 과정을 다룬 역사서란 뜻입니다. 어떤 때는 그 한 단어의 유래와 이에 담긴 뜻을 집요하게 물을 것입니다. 그리고 또 어떤 때는 이 단어들이 뒤엉켜서 빚어낸 이야기를 다룰 것입니다. 이 책은 그런 이야기를 통하여 역사 속에서 만들어진, "대한민국은 민주공화국이다."라는 문장의 의미를 찾으려 애쓴 결과입니다. 그래서 이 책은 이와 관련된 열 가지의 질문을 던지고, 그 질문에 대한 답을 찾아가는 과정으로 꾸몄습니다.

"우리는 민주주의란 말을 언제 처음 알았을까?"
"민주주의 실천의 기원은 어디서 찾을 수 있을까?"
"민주 정치의 제도화는 어떻게 시작되었을까?"
"민주공화제를 우리 것으로 삼은 때는 언제였을까?"
"대한민국은 언제, 어떻게 탄생하였을까?"
"우리가 이해한 민주주의는 무엇이었을까?"
"국가는 국민에게 무엇이며, 독립운동가들은 어떤 국가를 상상하였을까?"
"해방은 우리에게 어떤 의미로 다가왔을까, 그리고 국가는 어떻게 구성되었을까?"

"분단의 원인은 무엇이며, 정녕 그것을 피할 수 없었을까?"
"대한민국 헌법에는 어떤 이야기가 아로새겨져 있을까?"

자, 이제 함께 대한민국, 민주공화국의 기원을 찾는 여행을 떠나 볼까요?

1

고종이 홍영식과
대통령제에 대해 토론하다

> 민주주의란 말을 언제 처음 알았을까?

1842년   난징조약, 중국 개방 시작
1854년   미·일 화친조약, 일본 개방 시작
1857년   최한기, 《지구전요》 간행
1860년   영·프 연합군, 베이징 함락
1863년   고종 즉위, 대원군 집권
1876년   강화도 조약, 조선 개방 시작
1881년   조사 시찰단이 일본을 조사하고 귀국
1883년   7월 보빙사절단이 미국을 방문하고 귀국
         10월 《한성순보》 간행

고종: 대통령의 임기는? 조정의 관리도 매번 바뀌나? 민주제를 하는 나라는 신분에 따른 차별이 없는가?

홍영식: 나랏일은 의회, 행정부, 사법부가 나누어 처리합니다. 대통령이 바뀌어도 큰 폐단이 없습니다

"우리는 해방 이후 미국을 통해 민주주의 제도를 배웠다."
"대다수 사람들이 민주주의가 무엇인지도 모른 채, 선거나 국회의원이 무엇인지도 모른 채 투표장에 갔고, 정부 수립을 지켜보았다."

생각보다 많은 사람이 이렇게 생각합니다. 이름깨나 날리는 학자들 중에서도, 우리 사회의 진보적인 변화를 위해 애쓰는 분들 중에서도 그렇습니다. 그래서 한 걸음 더 나아가

"우리 스스로 민주주의 사상을 체험하고, 민주적 제도를 성취하지 못한 채 외부에서 이식된 민주주의였기에 마치 몸에 맞지 않는 옷 같았다."

라며, 이승만 독재와 뒤이은 두 차례의 군사 독재를 당연히 있을 법한 시행착오처럼 간주하는 발언조차 나옵니다.
그런데 이런 식의 진단이 옳은지는 차치하고, 과연 우리 민족이 미국을 통해서, 해방과 동시에 민주주의를 처음 알게 되었다는 말이 사실이긴 할까요?
사실이 아니라면 우리 민족이 민주니 공화국이니 하는 말을 처음 알게 된 것은 언제일까요?
대한민국 민주공화국의 기원을 찾는 여행, 지금부터 함께 떠나시죠.

미국에는 대통령이 있다

1883년 11월 21일, 궁궐에서 당시 국왕이던 고종이 홍영식을 만났습니다. 그는 바로 얼마 전 보빙사란 이름의 사절단 부책임자로 미국에 갔다가, 5개월 8일 만에 돌아왔습니다.

고종은 홍영식의 노고를 치하한 뒤, 미국 사회와 세계 여러 나라의 실상에 대해 긴 대화를 나눕니다. 누군가 그 옆에서 두 사람이 나눈 대화를 꼼꼼히 기록하였습니다. 기록을 보면, 왕은 역시 정치 문제에 관심을 가장 많이 보였습니다.

"그 나라에서는 나랏일을 어떻게 나누어 처리하던가?"

홍영식이 답합니다.

"나랏일은 크게 셋으로 나누어 처리합니다. 상의해서 법을 만드는 의회가 있는데 상원과 하원으로 구성되었으며, 여기서 법을 정한 대로 이를 처리하는 행정부가 있어 대통령이 그 책임을 맡습니다. 사법부가 따로 있어 재판을 통해서 법대로 잘되었는지를 판단합니다."

두 사람의 대화는 길게 이어집니다. 고종으로서는 이해하기 어려운 나라의, 이해하기 어려운 정치 운영 방식이었기에, 들으면 들을수록 궁금증이 일었습니다.

고 종 대통령 임기는 얼마인가?
홍영식 4년에 한 번씩 교체됩니다.
고 종 그때마다 조정의 관리들도 바뀌나?
홍영식 그렇습니다. 대통령이 바뀔 때마다 행정부 관리가 바뀝니다.

보빙사절단 일행(1883) 1882년 조·미 수호통상조약을 맺은 데 따라, 처음으로 미국에 파견된 사절단. 40여 일 동안 미국에 머물면서 미국 사회를 체험하고 정부 차원의 협력 방안을 모색하였다. 조선 관료들이 처음으로 서양 사회를 체험한 계기로, 미국은 물론 서양의 다양한 정치 제도를 살펴볼 수 있었다.

고 종   정권이 교체될 때마다 큰 폐단이 있을 텐데······.

홍영식   워싱턴이 나라를 세운 이래 100여 년이 지나도록 화폐 제도가 온전히 유지됩니다. 이 한 가지 일만 보더라도 큰 폐단이 없다고 말할 수 있습니다.

고 종   미국과 유럽은 정치를 운영하는 방식이 다른가?

홍영식   영국, 독일 같은 나라는 군주 자리를 세습하고, 관리도 바뀌지 않습니다. 아마도 군주제와 민주제에서 나라를 운영하는 법이 다른 듯합니다.

고 종 민주제를 하는 나라는 우리처럼 신분이 높은 사람과 보통 사람 사이의 차별이 두드러지지 않겠구나…… 현재 민주 제도를 실시하는 나라는 몇 나라나 되며, 유럽에도 민주 국가가 있는가?

홍영식 유럽에는 스위스, 프랑스 등의 나라가 있고, 남아메리카에는 멕시코와 페루, 칠레 등 모든 나라가 민주국입니다.

— 홍영식, 《복명문답기(復命問答記)》[1]

흥미롭게도 고종이 직접 민주란 말을 쓰는군요. 왕이 나라의 주인이며, 백성은 무조건 왕에게 충성해야 한다고 생각해야 할 인물이 말입니다. 고종이 홍영식을 만나던 1883년 11월에 이미 고종은 민주제나 민주 국가란 말을 알고 있었기 때문이겠지요.

그것은 홍영식도 마찬가지였어요. 고종이 다른 나라의 형편을 더 묻자 "여행 중 들은 바는 이전에 이미 알던 바와 다르지 않습니다."라고 대답하거든요.

1880년대라면 왕의 아들이 당연히 왕위를 물려받고, 왕의 아버지란 이유로 흥선군 이하응이 대원군이 되어 하루아침에 최고 권력자가 되는 상황이 자연스러웠던 시기입니다. 하지만 그때도 군주제가 아닌 나라가 많다는 사실, 군주제가 아니면서도 다스림이 법도대로 이루어지고 오히려 더 부강해질 수 있다는 사실을 아는 이가 여럿이었지요. 국왕이었던 고종도 그중 한 명이었습니다.

Ⅰ 고종이 홍영식과 대통령제에 대해 토론하다

세상에는 여러 나라가 있다

충(忠)이 최고의 윤리이며 왕에게 도전하는 것이 최악의 범죄였던 시기였지요. 그런데 새로운 지식에는 왕이 아니어도 나라를 다스릴 수 있고, 나라의 주인은 민이라는 생각이 담겨 있었어요. 그러니 새로운 지식이 공식적인 교육을 통해 공공연하게 확산되지는 않았을 것입니다. 그렇다면 사람들은 새로운 지식을 어디서 얻었을까요?

> 역관이던 오경석이 조정 관리들에게 새로운 외교 정책을 유도하던 무렵, 벼슬이 없던 유대치는 재야에서 《해국도지(海國圖志)》, 《영환지략(瀛環志略)》 같은 책을 읽고 세계의 사정을 살피면서, 정치를 바꿀 수 있는 방법으로 귀족 중에 뛰어난 자를 규합하여 방략을 가르치고 뜻과 기개를 고무하여 주었다. 그의 사랑방에 드나들던 이가 바로 박영효, 김옥균, 홍영식, 서광범 등이었다.
>
> — 최남선, 《고사통(故事通)》

최남선이 쓴 책에 나오는 이야기입니다. 오경석의 아들이 아버지를 추억하는 글에서도 비슷한 이야기가 등장합니다. 다음은 박영효가 직접 자신의 옛날을 추억하면서 남긴 이야기인데 비슷합니다.

> 새로운 사상은 내 일가 박규수 집 사랑방에서 나왔소. 김옥균, 홍영식, 서광범 그리고 나의 큰 형(박영교) 등이 재동 박규수 집 사랑방에 모였지요.
>
> — 이광수와 박영효의 대담, 《동광(東光)》, 1931. 3.

홍영식이나 박영효, 김옥균 모두 내로라하는 명문가 출신입니다. 홍영식의 아버지는 영의정까지 지냈고, 박영효는 철종의 딸과 혼인하였습니다. 김옥균 역시 여전히 위세를 떨치던 안동 김씨 집안입니다. 가만히 있더라도 부귀와 영화가 보장되었던 이들이지요. 이 사람들이 박규수와 유홍기의 사랑방을 드나들면서, 새로운 세계를 만난 것입니다.

어느 날 박규수가 청년들을 불렀어요. 그러고 나서 그들 앞에 지구의를 내놓습니다. 지금은 어디서나 볼 수 있는 평범한 지구의인데, 청년들은 처음 보는 신기한 물건이었습니다.

"우리는 이런 둥글게 생겨 마치 공 같은 땅에 산다는구나. 자, 이 넓은 곳이 중국이고, 그 동쪽에 조선이 있다. 이렇게 돌리면 미국이 되고, 저렇게 돌리면 프랑스가 되지. 이 지구에서 가장 중심 되는 곳이 어디겠느냐?"

청년들은 어안이 벙벙해집니다. 지구의라는 것도 신기하고, 중국과 일본 외에도 세상에 많은 나라가 있다는 사실도 신기합니다. 게다가 청년들은 세계의 중심이 어딘가 하는 박규수의 질문도 이해가 잘 안 됩니다.

"여기를 보거라. 여기서 보면 중국이 세계의 중심이다. 그런데 너희들 눈을 모두 조선에 고정해 놓고 보거라. 그러면 조선이 세계의 중심이 되지 않느냐. 영국에 눈을 고정하면 또 영국이 세계의 중심이고……"

박규수는 청년들에게 중국이 세계의 중심이라거나, 중국 문화가 가장 우수하다는 관념을 버려야 한다고 가르칩니다. 그는 세계에 다른 나라가 있다는 사실을 알고, 그 나라의 실상을 알려고 노력하라고 가르칩니다.

그러고 나서 중국인이 얼마 전 펴낸 세계 지리 책을 청년들 앞에 내놓습니다. 《해국도지》와 《영환지략》인데요. 해국은 '바다 밖의 나라' 곧 서양 정도의 뜻이니, 《해국도지》는 요즘 식으로 치면 '지도와 함께 읽는 세계 지리'가 되나요? 영환은 세계란 뜻입니다. 그러니 《영환지략》은 '간추린 세계 지리' 정도가 되겠군요.

세계에 대한 새로운 지식은 그동안 당연하다고 여겨 왔던 많은 생각을 뒤흔듭니다. 세계 속에서 '나'의 위치를 확인하고, 세계의 거울에 나를 비추어 보면서 나를 좀 더 잘 알게 되겠지요. 그러고 나서 새로운 미래를 꿈꾸겠지요.

최한기, 민주 정치를 발견하다

그런데 이들보다 먼저 새로운 세계를 안 사람이 있었습니다. 바로 최한기입니다. 《대동여지도(大東輿地圖)》를 만든 김정호의 친구입니다. 그는 김정호가 《청구도(靑邱圖)》를 만들었을 때 서문을 써 주었고, 김정호와 함께 목판으로 세계 지도를 펴내기도 했지요.

최한기는 박규수, 유홍기와 비슷한 시대 사람입니다. 하지만 높은 벼슬을 한 적이 없어 널리 알려진 인물은 아니었어요. 그는 늘 새로운

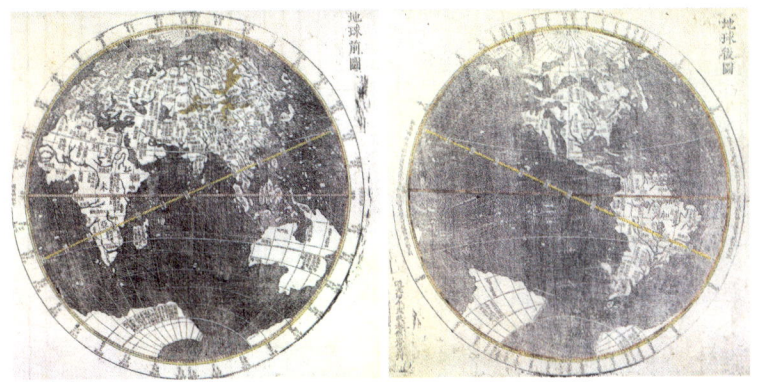

지구전후도 1834년 김정호가 최한기의 도움으로 판각한 세계 지도다. 중국인 좡팅푸가 펴낸 지도를 기초로 하였다고 한다. 19세기에 접어들면서 중국, 일본 외에 여러 국가가 있다는 사실이 알려지고, 서양 여러 나라의 정치와 종교, 문화가 점차 소개되었다.

지식에 목말라했고, 책 소문만 들으면 어떻게 해서든 손에 넣으려 애썼어요. 제법 부자였던 아버지 덕에 그는 장안에서 책을 가장 많이 가진 사람으로 알려졌습니다.

최한기도 《해국도지》나 《영환지략》 같은 책을 읽었습니다. 《직방외기(職方外紀)》란 지리서나 《지구도설(地球圖說)》이란 지구 과학에 관한 책도 구해 읽었습니다. 물론 이보다 훨씬 많은 책을 구해 읽었겠지요. 중국에서 들어온 책치고 그의 집에 없는 책이 없다 할 정도였으니까요.

방금 말한 네 권의 책에 나온 내용에 다른 지식을 보태서 정리한 책이 《지구전요(地球典要)》입니다. 그는 1857년에 이 책을 완성하였는데, 13권 7책에 이릅니다. 20여 년에 걸쳐 완성하였다고 합니다. 최한기는 이 책에서 여러 장의 지도를 포함하여 세계 각 지역의 환경과 인간의 삶을 소개하였는데요. 그 일부를 읽으려 합니다.

미 국   새 나라를 세운 뒤 워싱턴을 우두머리로 삼았다. 국왕을 세우지 않고 프레지던트 1명을 두어서 전국의 군사, 형벌, 조세, 관리 인사를 처리하였다. 그러나 나라의 중요한 일, 외국과 조약을 맺거나 전쟁하는 일 등은 반드시 의회와 의논한 후에 행하였다…….

영 국   도성에 의회(공회소)가 있는데, 상원과 하원으로 이루어졌다. 상원은 작위를 가진 귀족과 성직자로 구성되며, 하원은 서민의 추천과 선택으로 뽑힌 재주와 학식이 있는 자들이 모인다…… 큰 상벌이나 전쟁 등과 같은 사항은 상원에서 주관하여 의논하고 과세의 증감이나 국고를 주관하는 일은 전부 하원이 주관하여 논의한다. 이 제도는 유럽 여러 나라가 모두 같이 시행하고 영국만 그런 것은 아니다.

— 최한기,《지구전요》[2]

놀랍지 않습니까? 이런 사실을 알았던 사람이 있었다는 사실이.

왕과 가까운 친척이란 이유로, 강화도에서 나무하던 청년을 데려다 왕으로 삼고, 또 왕의 친척이란 이유로 열 살 안팎의 어린아이를 왕으로 세워 놓고 그 아버지가 나랏일을 하도록 만들던 때였잖아요. 군주제를 당연시하고, 충효를 최고의 윤리로 삼던 유교 사회 아니었나요?

그런데 최한기의 지식이 특별하다고는 할 수 없어요. 1857년은 중국이 아편전쟁으로 수모를 당한 지 벌써 15년 이상 흐른 때입니다. 중국이 서유럽의 주요 국가와 국교를 맺어 통상하고 교류하였으며, 일본도 개방을 한 때였어요.

그냥 평범하게 생각해도 조선 사람들도 세계를 향해 눈을 돌리고 중국과 중화 문명 이외에 다른 세계와 다른 문명이 존재한다는 것을 깨닫는 것 자체가 놀라운 일은 아니지요. 그렇게 생각하면, 개항 이전에 우리 조상들이 세상에는 민주 국가가 있다는 사실을 알았다는 것이 놀라운 일은 아닙니다. 그런데 혹시 놀랍게 생각하는 분이 있다면, 그것은 바로 우리가 우리의 역사를 대하는 태도 때문이 아닐까요? 당시 사람들은 우물 안 개구리처럼 살지 않았는데, 우물 안 개구리처럼 우리 역사를 바라본 것은 아닌지……

임금과 백성의 권리가 같다니!

최한기가 《지구전요》를 마무리할 즈음, 청은 다시 서양 국가들의 침략을 받습니다. 청은 영국과 프랑스의 침략을 받아 수도가 함락당하였으며, 곤경에 빠진 청을 도와준다는 러시아의 협박에 연해주를 넘겨줍니다.

이 같은 일은 조선에도 큰 충격이었습니다. 최강 제국이라 여겼던 청이 완패하였다는 사실도 놀랍고, 거의 알지 못하는 러시아와 국경을 맞대게 된 것도 걱정스러웠지요.

조선의 조정도 걱정이 많았습니다. 돌아가는 상황을 알아보기 위해

위로하겠다는 구실 아래 청에 사절단을 보냈습니다. 이때 사절단의 부책임자가 바로 박규수였습니다. 일찍이 청의 문물을 적극적으로 받아들여야 한다고 주장하였던 연암 박지원의 친손자입니다.

생각이 참 많았을 것입니다. 그래도 청을 모델로 변화해야 한다 생각했는데, 그 청이 허무하게 무너지고 수도까지 약탈당하였으니……. 그는 이유를 알기 위해 여러 사람을 만나고 적지 않은 책을 구해서 돌아옵니다.

박규수는 언제부터인가 청년들을 모아 가르치기 시작했어요. 할아버지 때부터 내려온 책, 청에서 사들인 책과 다른 세계에 대한 정보는 청년들에게 살아 있는 교재가 되었을 것입니다.

여전히 많은 사람들은 유교 문화를 존중하고, 서양을 배척하던 때였습니다. 서양이 천주교를 앞세우거나, 군대를 이끌고 침략한 일은 박규수 같은 이의 처지를 더 곤혹스럽게 했을 것입니다.

그러나 새로운 생각으로 현실을 변화시켜야 한다고 생각한 이들은 조금씩 늘었지요. 특히 강화도 조약을 맺은 이후 서서히 하나의 흐름을 만들기 시작했어요. 오랑캐라 여겼던 일본이 몰라보게 달라진 모습을 확인한 결과이기도 할 것입니다.

1881년 60여 명의 일본 시찰단이 꾸려졌어요. 진작 과거에 합격하여 이런저런 벼슬을 지냈던 홍영식도 그중 하나였습니다. 조사 시찰단이라 불린 사절단은 모두 12조로 편성되었는데, 중견 관리(조사) 12명이 각각 수행원 2명, 통역 1명, 하인 1명과 한 조를 이루었지요. 박정양이 정치와 산업을, 홍영식이 육군을 맡았는데, 일본의 관청과 관련 시설을 시찰한 뒤 보고서를 작성하는 것이 이들의 임무였습니다.

개화된 일본의 모습과 자유민권파 연설회 메이지 유신 이후 일본은 대규모 사절단을 꾸려 세계 여러 나라에 파견하는 등 서양의 역사와 문화에 관한 연구에 열을 올렸다. 왼쪽 그림은 서양의 문물이 빠르게 확산되는 일본의 모습을, 오른쪽은 서양의 정치 제도 도입을 주장하는 자유 민권 운동의 모습을 보여 준다.

    사절단은 일본으로 향하던 배에서부터 놀란 입을 다물지 못했어요. 일본에 도착한 뒤 처음 타 본 기차는 또 얼마나 충격적이었던지. 그들은 70여 일 동안 일본에 머무르면서, 오랑캐라는 이미지와 전혀 어울리지 않는 새로운 일본의 모습을 보고 듣고 느낄 수 있었어요.

    때마침 일본에서는 자유 민권 운동이 활발했습니다. 민권이란 말도 낯설고, 민권을 내세워 시위를 벌이는 모습도 놀라웠으며, 시위대의 요구도 놀라웠어요.

    "헌법을 만들자. 인민의 대표를 뽑아 국회를 개설하자."

    이런 요구를 하는 것이 아닙니까?

    헌법이니 국회니 하는 말, 참 알 듯 모를 듯한 말인데, 시위대가 그것을 만들자고 주장하니까요.

시찰단은 자신이 겪은 놀라운 체험들을 상세하게 기록하였어요. 그 중에 일부만 옮겨 볼까요.³

• 일본의 정치 체제는 예부터 군주 독재였으나 1868년 이후 헌법을 대폭 개정해서 점차 군민동치의 기틀을 세워……
• 각국의 정체는 한결같지 않다. 프랑스는 군민공치, 러시아는 군주 독재다. 영국은 귀족 정치이며, 미국은 공화 정치를 한다. 세력이 강하기로는 러시아, 정이 많기로는 미국, 올바르기로는 영국이 앞선다. 일본은 영국의 정치 제도를 옮겼다.

— 민종묵, 《문견사건(聞見事件)》

이때 이미 일본에는 선거가 있었어요. 우리의 시·도와 시·군의 중간쯤 되는 부·현 단위로 대표를 뽑아 지방 의회처럼 운영한 것이지요. 세금을 얼마나 어떻게 걷어서 어디에 쓸지 인민의 대표가 의회에서 결정하는 것입니다.

이 낯선 모습도 시찰단이 쓴 보고서에 생생하게 기록되었어요.

• 근년에 부·현회가 설립되었는데, 일본인들은 미국의 공화 정치를 모방한 것이라 말한다.
• 20세 이상 된 자들을 군이나 구별로 모은 다음, 사리에 가장 밝은 사람의 이름을 써서 상자에 넣는데 이를 투표라 한다. 최다수를 얻은 25세 이상자 4~5인 중에서 부·현의 관리에게 보내 의원을 선발한다. 이들이 투표하여 의장과 부의장을 뽑으며……

— 박정양, 《일본 내무성시찰기(日本內務省視察記)》

그들이 일본에서 만난 민권이란 말이 무슨 뜻일까요? 민권은 인민의 권리를 줄인 말이죠. 그런데 백성은 그저 다스림의 대상이자 깨우침의 대상일 뿐이라 생각하는 사람들에게 민권이란 개념이 있을 리 없겠지요. 하지만 일본에서는 민이 권리의 주체란 인식이 자리 잡고, 민권이란 말에 어울리는 정치 제도를 운영하고 있었습니다.

조사 시찰단은 그곳에서 군민동치나 군민공치란 말도 만났습니다. 둘 다 임금이 민과 함께 나라를 다스린다는 뜻입니다. 이를 위해서는 헌법을 만들고 의회를 구성해야 하는데, 그렇게 할 때 나라가 부강해진다고 많은 사람은 생각하였습니다.

그들이 보고 듣고 배운 것, 그것보다 더욱 강렬하게 체험한 것이 어찌 백면서생의 머릿속 지식으로만 머물렀겠습니까?

구미입헌정체

새로운 책을 읽고, 새로운 세계를 체험한 이들은 새로운 거울에 자신을 비추어 보았겠지요. 거울에 비춘 자신의 모습, 조선의 모습은 우울하였습니다.

세상에는 청과 일본 말고도 힘센 나라가 많다는 것, 그리고 그 힘센 나라는 제멋대로 다른 나라를 침략한다는 것, 최강의 제국으로 여겼던 청이 그들에게 수난을 당하였고, 조선을 넘보는 나라는 수없이 많다는 것, 정말이지 걱정이 대단하였을 것입니다.

"어떻게 해야 할까?"

신지식을 많이 접했던 청년관료와 국왕의 측근 들은 몸이 달았을 것입니다.

그래서 그들은 최선의 정보를 수집하여 '힘센 나라는 왜 힘이 셀까? 그 나라들은 어떻게 정치를 하고, 산업은 어떠할까? 지금 조선에 부족한 것은 무엇일까?' 따져 보기 시작했어요. 알면 알수록 두려움 같은 것도 생겼을 것입니다. 아예 다른 나라의 시계를 멈추어 버리고 싶었을지도 모르지요. 그러나 그럴 수는 없는 것. 그래서 그들은 많은 이에게 자신이 가진 정보를 알리고, 더 많은 사람의 지혜를 모아 개혁을 서두르는 길밖에 없다고 생각했습니다.

1883년 박영효는 신문을 상상해 냈습니다. 《한성순보》라고 들어 보았죠? 열흘에 한 번씩 펴낸다 해서 순보라 불렸던 바로 그 신문. 관리들이 펴내고 주로 관청에서 관리들이 읽었으니 오늘 우리가 생각하는 신문과는 많이 달랐어요. 하지만 그때로서는 대단한 시도였고, 그 시도에서 또 다른 변화가 시작되었겠지요.

자 그러면, 《한성순보》를 읽어 보겠습니다. 원래는 다 한자로 쓰였으며, 그래서 이 글은 원문을 알기 쉽게 풀어 놓은 상태라는 점을 염두에 두고 읽어 주세요.

서양에 여러 나라가 있어도 정치는 다만 두 종류가 있으니, 즉 군민동치(君民同治)와 합중공화(合衆共和)가 그것인데, 모두가 이를 입헌정체라 일컫는다…… 서양에서는 군주 및 민주를 막론하고 모두 상하의원을 설치한다. 모든 나랏일은 하원에서 상의한 뒤 상원으로 올리고, 상원에서 상의한 뒤 다시 하원으로 보내는데, 여기서 의결한 것을 왕에게 재가하도록 청하는데, 아무리 군주가 높다 해도 자기 뜻대로 처리할 수 없다…….

—《한성순보》, 1884. 1. 30.[4]

'민주'와 '공화'라는 말이 나오는군요. 민주 정치의 여러 형태와 공화국의 운영 방식도 설명되어 있고요.

《한성순보》를 편집한 이들은 지금 당장 민주 정치를 하자거나, 더욱이 공화제를 하자고 주장하지는 않았어요. 글 곳곳에 그럴 수 없다는 이야기들도 나오니까요. 그러나 이들은, '인민이 선출한 자가 나랏일을 맡으니, 사리사욕에 얽매이지 않고 유능하고 착하다.'라는 식의 이야기를 여러 번 언급합니다. '민권'이나 '군민동치'란 말도 긍정적 의미를 담아 여러 번 사용합니다.

1880년대 초 조선, 이때 이미 민주와 공화국이란 말을 알았고, 부강한 나라를 만들려면 민주공화국이란 국가 형태가 군주제를 능가할 수 있다는 사실을 아는 사람이 있었던 것입니다. 그래서 알게 모르게 민권이니 군민동치니 하는 말을 실천 목표로 검토하는 사람도 생겨났고요.

1880년대 초 조선은 민주주의와 공화국의 시선으로 세계와 조선에 대한 새로운 인식을 형성하던 때였던 것입니다.

2

최초의 민주주의자를 찾아서

> 민주주의 실천의 기원은 어디서 찾을 수 있을까?

1882년	임오군란, 청의 간섭 강화
1884년	갑신정변
1885년	거문도 사건
1888년	박영효, 내정개혁을 주장하는 상소
1889년	일본, 헌법 제정
	유길준, 《서유견문》 완성(1896년 간행)
1890년	일본 제1회 중의원 총선거 실시
1893년	보은과 금구에서 대규모 농민 집회
1894년	2월 동학농민혁명
	6월 청일전쟁 개전, 갑오개혁 시작
1895년	을미사변과 을미개혁
1896년	아관파천

제1조 내각은 국무 대신으로 구성한다.

제2조 국무 대신은 대군주 폐하를 보좌하여 나라를 운영하는 책임을 맡는다.

제7조 법률과 칙령은 내각 총리 대신 및 관계 대신이 수결한다.

제8조 다음 사항은 내각 회의를 거친다.

    1. 법률과 칙령안(勅令案).

    2. 세입(歲入)과 세출(歲出)의 예산과 결산.

    3. 내외 국채(國債)에 관한 사항.

    4. 국제 조약과 중요한 국제 문제.

―칙령 제38호, 1895.

갑오개혁 때 내각 관제입니다. 법률을 제정할 때 내각의 동의를 받게 한 이런 형태의 정치를 무어라 부를까요? 세도정치? 대신정치? 민주정치?
여러 나라의 역사를 보면, 어느 날 갑자기 군주제에서 민주제로 바뀌지는 않습니다. 실천과 이념, 운동과 제도화가 뒤엉키면서 복잡한 양상의 변화가 일어났지요. 그래서 위 글을 소개했습니다. 지식이나 이념이 아니라, '실천'으로서 민주와 공화국 이야기를 시작해 보려고요.
우리 역사 속에서 '민주주의를 제도화하려는 실천'의 단초는 어느 때까지 거슬러 올라갈 수 있을까요?

실패한 쿠데타

1884년 10월 17일(음력), 갑신정변이 일어났습니다. 주역은 김옥균, 박영효, 홍영식 등 개화당이라 불린 이들이었지요. 이들은 일찍이 박규수의 사랑방에서 함께 공부하였고, 일본이 빠르게 문명화되는 상황을 부러움과 두려움으로 지켜보았지요.

그들은 미리 준비해 두었던 병력을 동원하여 반대파 대신을 제거한 뒤 궁궐을 장악하였어요. 그러고 나서 국왕의 이름으로 새 정부를 구성하였어요. 개화당을 중심으로 삼고, 정권에서 소외되었던 왕의 친척을 일부 포함시켰지요.

정변 사흘째 되던 날, 새 정부는 앞으로 추진할 개혁의 주요 내용을 나라 안팎에 발표하였어요.

> 청에 끌려간 대원군을 조속히 귀국시키고, 청으로부터 자주독립할 것이며,
> 인민은 평등하다는 대원칙을 분명히 하여 사람의 능력을 보고 관리로 임명할 것이며,
> 조세 제도를 고치고 탐관오리를 없애며 모든 국가재정은 호조 한 곳에서 관할하도록 하며……
> ─ 김옥균, 《갑신일록(甲申日錄)》

이날 발표한 개혁안은 80여 항목이었다고 해요. 유감스럽게도 한참 지난 뒤 김옥균의 회고록에 기록된 14개 조항만 남아 있지만,

갑신정변의 주역들 왼쪽부터 박영효, 서광범, 서재필, 김옥균이다. 정변을 주도하였던 이들은 메이지 유신 이후 일본의 변화와 서양의 근대화 과정을 접한 뒤 급진적 개혁을 추구하였다. 일본처럼 왕권을 제한하고, 개명 관료로 구성되는 내각 중심의 정치를 도입하려 하였는데, 이 과정에서 군권과 대비되는 민권을 개념화하고, 신민을 뛰어넘는 국민 개념을 형성하였다.

그러나 상황은 개화당의 뜻대로 되지 않았어요. 정변을 반대하는 세력이 많은 군사를 이끌고 쳐들어왔거든요. 그 중심에 청의 군대가 있었어요.

서울에 청군이 있다니, 이건 또 무슨 일이냐 싶을 겁니다. 2년 전부터 그랬어요. 그때 군인들이 정부의 부패를 일소하겠다며 봉기하자(임오군란), 외국 군대인 청군을 끌어들여 자국군을 강제로 해산시켜 버린 것이지요.

어쨌든 개화당이 준비한 군사는 소수인 데 반해 청의 군사는 많았어요. 결국 엄청난 병력에 밀린 개화당은 뜻을 이루지 못하고 물러설 수밖에 없었습니다.

  김옥균, 박영효는 일본군을 따라 망명하였어요. 많은 이들이 그 뒤를 따랐지요. 그러나 정변의 또 다른 주역이었던 홍영식은 다른 선택을 하였어요.

"나는 이 땅을 떠나지 않겠습니다. 우리가 뜻을 세워 일을 도모하였다면, 일이 잘못되었을 때 자신의 목숨을 내놓는 사람도 있어야 할 것입니다. 그것이 제 몫입니다."
"동지들 서둘러 떠나시오. 그리고 꼭 살아 돌아와 승리해 주시오."

  홍영식은 정변이 실패했다는 사실을 인정했어요. 그러고 나서 살아서 훗날을 도모할 동지들을 서둘러 떠나보내면서도, 끝내 자신은 왕의 곁을 지켰습니다. 떠날 사람이 떠난 직후, 청군은 궁궐을 접수하였고, 홍영식은 그들의 손에 피살되었어요.

  어찌 보면 개화당의 시도는 무모하였어요. 그래서 이 정변의 의의를 따져 보아야 해요. 특히 갑신정변 이후 조선이 청·일의 간섭으로 더욱 어려워진 상황에 처하였음을 감안하면 긍정적인 평가를 내리기 어려워요. 그러나 그 시도의 옳고 그름을 떠나 그 마음의 순수성에 공감하고, 그들이 왜 그렇게 하였는지 그들의 생각에도 귀를 기울여야 하지 않을까요.

입헌 정체를 탐색하다

개화당 사람들은 서양이 강한 데 반해 조선이 약한 이유를 정치 제도에서 찾았어요. 서양은 인민이 두루 정치에 참여하는데, 조선은 왕이 모든 것을 결정하는 체제란 것이지요. 그들은 인민에게 자유와 권리가 없다면 잠시 강성할 수는 있으나 결국 쇠망한다는 생각을 적극적으로 받아들였어요.

그러고 보면 갑신정변 때 내놓은 이들의 개혁안 중에는 흥미로운 내용이 있습니다.

- 궁궐 안에 정책을 의논하는 곳을 만들고, 대신과 참찬이 매일 회의를 하여 정령을 결정한 뒤에 왕에게 올려 공포한 뒤 정사를 집행할 것.
- 정부는 육조 외에 불필요한 관청은 모두 폐지하고 대신과 참찬으로 하여금 토의하여 처리하게 할 것.

― 김옥균, 《갑신일록》

'대신과 참찬이 회의를 열어 법을 만든다.'라고 기록된 것 맞지요? 왕은 회의를 거쳐 올라온 것을 공포하는 역할을 한다는 것도 맞지요? 법을 제정하는 사람도, 그것을 집행하는 사람도, 재판을 주관하는 사람도 왕이었던 시대였는데, 그 권력의 일부를 '대신·참찬 회의'가 행사하겠다는 것입니다.

대신과 참찬은 왕이 임명하는 관리입니다. 그러니까 이들의 회의가 오늘날 같은 국회가 될 수는 없지요. 그리고 왕의 권력이 제한되었다

해서 그것을 곧 '민주' 정치라 부른다면, 한참 앞서가는 꼴입니다. 하지만 서양에서 민주 정치가 발달하는 과정을 보면, 입법권을 독립시켜 왕권을 제한하려는 시도에서부터 민주 정치가 시작되었다고 볼 만한 여지도 많습니다.

정변이 실패로 끝난 뒤 일본에 머물러 있던 박영효가 쓴 상소문인데 같이 읽어 보실까요.

> 하늘이 인간을 낳았으니 모든 사람은 태어날 때부터 평등하다.
> 사람은 누구나 생명을 보존하고, 자유와 행복을 추구할 권리를 가졌으며, 이는 누구도 침해할 수 없다.
> 국가는 이 권리를 최대한 보장하기 위해 만들어졌으니, 정부가 이를 저버린다면 인민은 그 정부를 변혁하고 새롭게 세울 수 있다.
> ─박영효 상소문, 1888.[1]

어디서 들어 본 듯한 이야기 같지 않나요?

그렇습니다. 〈미국 독립 선언서〉에 나오는 유명한 문구를 닮았지요. 박영효는 그 글을 읽었을 뿐 아니라 서양 민주 정치의 역사와 이념을 두루 공부하였습니다. 그리고 모든 인간의 천부적 권리, 인민 주권 원리, 저항권이란 개념을 알고 있었습니다.

그는 이를 묶어 민권이란 말로 정리하였고, 모든 사람이 누릴 수 있는 보편적 권리를 뜻하는 영어 단어 'right'를 '통의(通義, 권리)'로 번역한 사람이지요.

민권이란 말을 인정하는 순간 자연스럽게 군권(君權)을 제한하자는 논의가 성립됩니다. 입법권을 행사하는 의회라는 존재도 떠오르고요. 여기서 군민공치·군민동치란 관념이 성립됩니다. 군주권을 부정하지 않으면서도 인민의 정치 참여를 제도화한다는 뜻이지요. 그렇게 제도화된 정치를 입헌 정치라고 할 수 있겠지요.

> 입헌 정체는 나라의 법률을 만들고 정치를 운영하는 데 군주 한 사람의 독단이 없다. 정치를 맡은 여러 대신이 반드시 충분히 토론하여 결정한 뒤 군주의 명령으로 시행한다.
>
> — 유길준,《서유견문(西遊見聞)》[2]

군주가 있으되 의회가 정치의 중심이었던 영국 정치를 이상적이라 여겼던 유길준의 글입니다.

갑신정변의 주역들이 정치 개혁에 대한 치밀한 매뉴얼을 가졌는지는 모르겠어요. 그러나 확인된 개혁안만 놓고 보면 민권을 보장하는 제도를 구상한 단서는 분명히 볼 수 있습니다. 그들이 이미 1880년대 초에 서양의 입헌 정치나 일본의 민권 운동, 내각 중심의 정치 운영을 구체적으로 접했기 때문입니다.

어쨌거나 정변은 실패로 끝났고, 정변을 주도하였던 이들은 나라 안에서 발을 붙일 수도 없었어요. 그러나 새로운 정치에 대한 관심과 이해는 넓어지고 깊어졌습니다. 1889년에는 일본에서도 헌법이 제정되고 이듬해는 선거까지 치러졌으니 당연한 일 아니었을까요?

그러나 그것이 현실이 될 수는 없었어요. 민권을 인정하는 것은 곧 왕권을 제한하는 것을 뜻하듯, 민주 정치가 되려면 옛 질서로 이득을 보는 이들이 물러나야 하기 때문입니다. 왕권의 제한에 머물든, 민권의 실현으로 이어지든 그것은 외세와 친청 수구 정권을 넘어야만 가능하였습니다.

최초의 민주주의자는······

박영효, 유길준 등에 의해 민권이니 의회니 입헌 정치니 하는 말이 점차 널리 알려졌어요. 그래서 이들을 '최초의 민주주의자'라고 주장할 수 있을 것입니다. 하지만 그들이 민권이나 민주 정치를 소개한 것은 맞지만, '최초의 민주주의자'라고 평가하기에는 이릅니다.

'민주주의'는 민이 나라의 주인으로, '민이 나랏일의 결정권을 갖는다.'는 뜻이잖아요. 그런데 이들은 한편에서 민권을 주장하면서도, 인민의 정치 참여는 이르다고 보았습니다. "인민이 지혜가 없으면 나랏일을 의논할 수 없다."라며, 가르친 후에 참정권을 주어야 한다고 했거든요.

그들은 모든 인간의 천부적 권리를 주장하였어요. 그러나 이들은 왕권을 제한하려는 맥락에서만 이 말을 사용하였고, 선거를 통해 민의 대표를 선출하자는 맥락에서는 이 말을 전혀 사용하지 않았어요.

우리나라만 유별난 것은 아닙니다. 1890년 처러진 일본 선거에서 투표권은 1퍼센트 정도밖에 안 되는 부자에게만 주어졌어요. 유럽의 민주국이라 불리던 나라들 중 그때 보통 선거권을 승인한 나라는 거의 없었으니까요.

그래서 왕의 절대권이나 귀족의 특권에 맞서 민권을 주장한 사람들을 가리키는 말이 따로 있어요.

바로 자유주의란 말입니다. 자유주의는 군주제나 신분제에 맞서, 모든 사람의 자유와 법 앞의 평등을 실현하는 데 크게 기여한 사상이자 운동을 가리키는 말입니다.

그러나 자유주의가 곧 민주주의는 아닙니다. 자유주의는 개인의 자유를 최고의 가치로 여기는 데 비해, 다수의 지배란 뜻의 민주주의는 공동체 속에서 평등한 관계를 소중하게 생각하기 때문입니다. 그래서 공동체 안에서 자유와 민주는 자주 충돌하기도 합니다.

민주주의를 자유주의와 구별해 사용한다면, 최초의 민주주의자 후보도 달라져야 하겠군요. 새로운 후보군을 떠올리려면, 아예 완전히 다른 이야기를 할 수밖에 없겠군요. 그래서 1893년 보은에서 열렸던 민중 집회 이야기를 조금 들려 드리겠습니다.

집회를 개최한 쪽은 동학 교단이었어요. 수만의 농민들이 "왜양을 물리치자.", "나라를 바로 세우자." 같은 정치 구호를 내걸고 여러 날 집회를 이어가자, 조정에서는 바짝 긴장하여 제법 높은 관리를 보내 대화하고, 왕이 직접 해산을 설득하는 글도 보냅니다. 이때 정부 관리와 농민들이 나눈 대화를 일부 재구성해 보았어요.[3]

"너희들이 돌을 쌓아 진을 만들고 장대를 세워 깃발을 만들어 무리를 지은 지 여러 날이다. 조정의 해산 명령을 듣지 않으니 이는 반란을 도모함이 아니냐?"

"그렇지 않다. 우리는 전혀 무장하지 않고 민회를 열고 있는 것이다. 들자니 여러 나라에 민회가 있어서, 나라의 법률을 만들거나 민국에 불편한 일이 있으면 회의를 연다 한다. 우리를 반란의 무리라 부르면 되겠는가?"

보은 집회 때 자료를 두루 모아 놓은 〈취어(聚語)〉라는 자료집에 나오는 이야기입니다. 민회니 민국이니 하는 말이 집회 참가자들 사이에서 나온 것입니다. 처음에는 소수의 교육받은 이들, 나라 밖을 다녀온 이들만 쓰던 말인데, 이제 점차 많은 이들에게 알려진 거죠.

물론 민회니 민권이니 하는 말을 처음 소개한 사람들은 그것이 배운 자들이나 가진 자들에게 어울린다고 생각하였어요. 그런데 이 말을 알게 된 민중은 그 말을 자기 것으로 만들었습니다. 마치 서유럽에서 자유주의 혁명이 한창일 때, 자유주의자들이 "모든 인간은 태어날 때부터 자유롭고 평등하다."라고 외친 것을 본 민중이 "그렇다. 그래서 우리는 불평등한 사회 구조를 고쳐 스스로 생명과 재산을 보호하고, 행복을 추구할 권리가 짓밟히는 상황을 우리 힘으로 고치겠다."라고 말한 것처럼 말입니다.

우리 역사 속에서도 자유주의는 군주제나 신분제를 반대하고 보수 세력을 약화시키는 등 민주주의를 확대하는 데 일정하게 기여하였어요. 그러나 자유주의가 곧 민주주의는 아니었으며, 자유를 주장하는 이들과 평등을 주장하는 이들이 충돌한 적도 있습니다. 그래서 민주주의의 실천은 자유주의와 다른 계통에서도 시작됩니다.

민중적 지식인 전봉준

자유주의자에 가깝다고 할 만한 개화파들이 군민공치를 가늠할 무렵, 조선은 심각한 체제 위기로 치닫고 있었어요. 청의 간섭으로 자주권이 심각하게 훼손당하였고, 일본을 비롯한 제국주의 국가가 수시로 국권을 넘보았지요. 게다가 1893년 한 해 동안 최소 65곳에서 민란이 일어날 정도로 권력은 아래에서부터 허물어지고 있었어요.

민이 난을 일으키려면, 목숨을 걸어야 했어요. 그만큼 절박하지 않으면 난을 생각할 수 없다는 뜻이지요. 그런데도 이 무렵에는 '모두가 난을 생각한다.'라거나, 누군가 난을 일으켜 주기를 원하는 세상이 되었으니, 정권의 정당성은 거의 부정된 셈이지요.

전봉준이란 위대한 지도자는 이 같은 세태가 만들어 냈고, 그 속에서 새로운 체제를 만들기 위해 온몸을 던졌던 인물이지요. 다음은 농민 혁명이 끝난 후 그를 조사한 기록 중 일부입니다.

조사관	나이는 몇 살인가?
전봉준	41세이다.
조사관	직업은 무엇인가?
전봉준	글방 선생을 하고 있다.
조사관	너는 군수로부터 피해를 입지도 않았는데, 왜 난을 일으켰나?
전봉준	민중이 억울해 하고 한탄하는 고로 백성을 위하여 해를 제거코자 한 것이다.

체포되는 전봉준 전봉준은 한때 대원군을 앞세워 개혁을 추진하려고도 했었다. 그러나 향촌 단위의 개혁과 갑오개혁의 전개 과정을 지켜보면서, 국왕의 존재를 부정하지는 않으면서도 '몇 사람의 주춧돌 같은 선비'가 합의를 바탕으로 국가 운영을 주도하는 정치를 생각하였다.

전봉준은 독실한 동학교도는 아니었어요. 1892년에야 동학에 들어갔고, "여러 사람이 단결하면 간악한 관리를 없애고 보국안민의 대업을 이룰 수 있다고 생각하여" 동학에 들어갔다고 조사관에게 진술하였습니다.

전봉준이 자유주의 사상을 알았다거나, 서양의 입헌 정치를 알았던 흔적은 없어요. 다만 사람이 곧 하늘이니 모든 인간은 존중받아야 한다고 생각하였으며, 그렇지 못한 세상에 분노하였고, 동학에서 내놓은 보국안민을 나라의 주인으로 세상을 바꾸겠다고 해석하였을 따름이지요.

동학에 들어간 전봉준은 1892년부터 한편에서 동지를 구하고, 다른 한편에서는 사회 문제를 해결하는 데 앞장섰어요. 관리가 부당하게 농민의 재산을 빼앗자, 다른 농민들과 함께 이에 항의하고 되돌려 받기 위해 힘쓰는 일 같은 것입니다.

동학 안에서 훌륭한 동지를 만난 전봉준은 1893년 마침내 본격적인 투쟁 계획을 세웁니다.

- 고부성을 격파하고 군수 조병갑의 목을 벨 것.
- 군기창과 화약고를 점령할 것.
- 군수에게 아첨하여 인민의 재물을 빼앗은 탐학한 아전을 공격하여 징계할 것.
- 전주성을 함락하고 서울로 바로 향할 것.

그 유명한 사발통문에 적인 적힌 내용입니다. 고을 군수를 바꾸겠다는 민란 계획이 아니죠. 놀랍게도 전봉준은 처음부터 서울로 가서, 낡은 체제를 무너뜨리려 했던 것입니다.

이듬해 3월, 뜻을 함께한 농민군 지도자들과 함께 대대적으로 농민군을 조직합니다. 그러고 나서 전라도 일대의 고을을 돌면서, 부패한 관리를 혼내 주고, 잘못된 지방 행정을 바로잡습니다. 그다음 자신을 진압하러 온 정부군을 향하여, 대원군을 앞세워 새로운 정권을 세운 뒤 나라를 바로잡겠다고 선언합니다. 1894년 봄 내내, 농민군의 기세는 하늘을 찔렀고 권력자들은 두려움에 떨었습니다.

인민 자치를 실험하다

서울에서 온 정예병마저 물리친 전봉준은 1894년 4월 27일 당당히 전주성에 입성합니다. 전라도의 중심지이자 왕실의 사당이 있는 요지 중의 요지입니다. 농민군은 이곳을 거점으로 세력을 결집하고 개혁을 추진하려 하였어요.

그런데 바로 이 순간 권력자들은 농민군에 맞서기 위한 비장의 카드를 내놓습니다. 놀랍게도! 그들은 청 군대를 빌리겠다고 나섰습니다. 개혁에 맞서기 위해 청에 의존하였으니 친청 수구 정권이라 할 만합니다.

청은 기다렸다는 듯이 군대를 보냈습니다. 그러자 이번에는 일본이 청과 전쟁을 각오하고 대군을 일으켜 조선으로 밀고 들어왔어요. 갑작스럽게 예상하지 못한 국가 위기가 조성된 꼴이지요.

위기의 순간에, 전봉준은 정부와 극적으로 타협하였습니다. 농민군은 전주성에서 물러났고, 조정은 개혁을 실천하기로 약속하면서 외국 군대의 철수를 요청하였어요. 농민군은 병력을 유지한 채 고향으로 돌아갔고, 얼마 뒤 정부군도 서울로 돌아갔어요.

이때부터 농민들은 고을 단위로 개혁을 진행합니다. 못된 짓을 일삼던 고을 관리와 양반 부호를 혼내 주고, 노비 문서를 불태우고, 잘못된 조세 행정을 고쳤습니다. 관청의 곡식이나 부자의 재산을 빼앗아 가난한 이들에게 나누어 주었습니다.

이 모든 일이 분풀이식으로 진행된 것은 아니었습니다. 그런 경우도 있었겠지만, 여러 고을에서 농민들은 회의를 열어 공동의 실천 과제를 선정하고, 대표를 뽑아 질서 있게 행동하였어요.

집강소, 아시죠? 1894년 5월부터 8월까지, 농민이 주체가 되어 스스로 개혁을 실천하였던 민중 자치 기관! 농민이 선출한 집강은 실상 고을 수령과 같았어요. 그들은 수령이 머무르는 동헌에 자리 잡고 고을 행정을 주관하였지요. 논란이 있는 문제는 회의를 열어 결정하였고, 여러 고을에 걸쳐 있는 제도적인 문제는 의견을 수렴하여 전주로 보냈어요. 전봉준은 여러 고을을 다니며 개혁을 도왔어요. 그리고 수시로 전라도 감영에 나가 도 차원에서 해결할 문제를 처리하였어요. 그래서 "전봉준이 진짜 관찰사"란 말이 나돌았어요.

그러나 전봉준의 마음은 복잡하였습니다. 앞으로 어떤 일이 일어날지 장담할 수 없었기 때문이었지요. 6월 21일 일본군이 경복궁을 점령하였고, 6월 23일에는 청일전쟁을 도발하였어요. 그리고 문제 많은 친청 수구 정권을 퇴진시킨 뒤, 농민의 지지를 받던 대원군을 섭정에 추대하고 개혁 세력으로 새 정권을 세웠거든요. 드디어 갑오개혁이 시작된 것입니다.

- 양반과 상민의 차별을 없애고 귀천에 관계없이 등용하며,
- 남편을 잃은 여인이 다시 결혼할지 말지는 본인 의사에 맡기며,
- 관청에 속하든 개인에 속하든 노비 제도는 완전히 폐지할 것이며,
- 과거제를 폐지하여 각 분야에 능력 있는 자를 관리로 채용할 것이며,
- 부정을 저지른 관리는 엄중히 징계하고 빼돌린 돈은 모두 변상하도록 할 것.

―군국기무처, 《경장의정존안(更張議定存案)》[4]

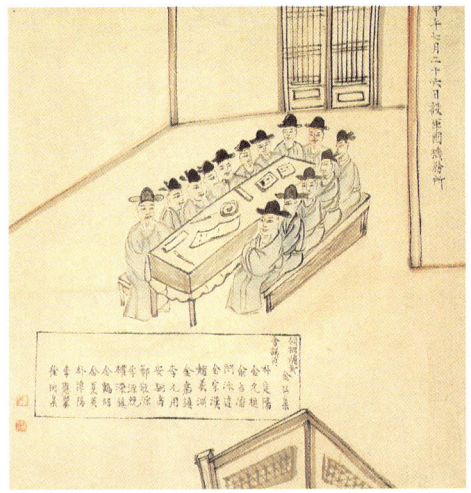

군국기무처 회의 군국기무처는 요즘으로 따지면 장·차관 회의에서 입법과 행정을 통일하려 한 개혁 기구였다. 이 구상은 이후 군주권을 제한하고 개명 관료 집단의 주도권을 보장하는 일본식 내각제 구상으로 이어졌다. 그 자체로 입헌군주제를 논할 형편은 아니나, 군권의 제한과 민권의 제도화에서 새로운 걸음을 시작한 것은 분명하였다.

군국기무처가 추진한 개혁안을 목록만 열거하였는데요. 하나하나가 놀라운 내용이고, 농민들이 요구한 것 그 이상이었어요. 게다가 이런 내용도 있었어요.[5]

> 각도 관찰사들은 수령에게 명령하여 향회를 설치하게 하라. 각 면의 인민들이 행정을 잘 알고 노련한 사람을 선발하여 향회원으로 삼아, 고을 관청에서 회의하게 하라. 법을 만들거나 민간의 폐단을 고칠 일이 있을 때, 고을 차원에서 결정할 수 있는 일이라면 마땅히 회의를 열어 가부를 결정한 뒤 시행한다.
>
> — 군국기무처, 《경장의정존안》

군국기무처가 1894년 7월 12일 의결한 '향회 설립에 관한 건'입니다. 이게 뭔가요? 의회, 지방 의회 아닌가요?

그렇습니다. 새로 성립된 정권은 향회란 이름으로 다른 나라에서 실시되는 지방 자치제를 도입하려 하였어요. 그것은 현실에서 농민들의 새 세상을 열고자 하였던 집강소의 문제의식과 다르지 않았지요.

전봉준은 상황을 지켜보기로 하였어요. 그는 일본에 대한 경계심을 늦추지 않으면서도, 고을 단위에서 할 수 있는 일을 서둘렀어요. 그렇게 1894년 여름이 지났어요.

왕은 있으나 왕권은 없다

6월 이후 갑오개혁을 추진한 이들은 김홍집, 유길준, 김윤식, 어윤중, 박정양 같은 이들입니다. 일찍이 개화·개혁 정책에 가담하였으나, 친청 보수 정권에서 소외되었던 이들이지요. 오늘 우리가 사용하는 용어로 치면 자유주의를 어느 정도 이해한 그룹으로 생각할 수 있겠지요.

유길준 등은 농민 혁명이 확산되면서 권력 장악의 기회를 노립니다. 친청 수구 정권의 부패와 무능이 만천하에 폭로되었으니 권력을 전면적으로 재구성하자는 논의는 충분히 가능하였겠지요. 그들은 농민군의 동향을 지켜보며 다른 한편에서 일본과 교섭하였어요. 국가 개조를 위한 권력 장악은 일본의 힘으로 보수 정권을 무너뜨리는 방법밖에 없다고 생각한 것입니다.

농민군의 봉기가 친청 수구 정권을 허물어뜨렸는데, 권력은 농민군이 아니라 갑오개혁 참가 그룹과 일본이 장악한 꼴이 된 것입니다. 김홍집이나 유길준 등이 그 그룹의 중심에 있었습니다.

권력을 잡은 개혁파들은 이전의 집권 세력을 격렬하게 비판하였어요. 그리고 군주권을 제한하여 군민공치 방식으로 나라를 운영하자고 나섰습니다. 먼저, 왕실과 정부를 분리하고, 왕실 친척의 정치 참여를 금하였어요. 나아가 대신들의 회의 기구인 군국기무처를 권력의 중심으로 삼습니다. "대신과 참찬이 회의를 열어 법률을 제정"하려던 갑신정변 때의 계획. 그것이 1894년에 현실이 된 것입니다. 앞서 소개한 엄청난 개혁은 거의 군국기무처를 통해 이루어진 조치들이었어요.

갑오개혁은 일본의 후원으로 시작되었으나, 개혁 내용에는 개혁파와 농민 들이 오랫동안 소망하였던 일이 많았어요. 갑오개혁파와 전봉준의 국가 구상도 꼭 달랐다고만 할 수는 없어요.

조사관 서울로 가서 누구에게 권력을 넘길 셈이었나?

전봉준 왕 주변에서 간악한 관리를 쫓아낸 다음, 기둥 같고 주춧돌 같은 선비를 찾아 억지로라도 정치를 맡길 생각이었다. 나랏일을 한 사람의 세력가에게 맡기는 것은 크게 폐해가 있으니, 몇 사람이 협력하여 합의제로 정치를 담당하게 할 작정이었다.

—《도쿄 아사히 신문》, 1895. 3. 6.[6]

전봉준은 처음 대원군에 적지 않게 기울었던 듯해요. 그러나 막상 대원군이 정치하는 것을 지켜보면서, 그리고 군국기무처가 활동하는 것을 보면서 점차 대원군에 대한 기대를 거두었어요.

전봉준은 왕을 거부하지 않았어요. 그러나 이제 왕권을 고스란히 인정할 생각은 없었어요. 그는 나랏일은 훌륭한 사람 여럿이 합의해서 처리하고, 고을 일은 고을 사람이 선출한 인물이 맡아야 한다고 생각하였습니다.

전봉준은 인민 주권이란 말을 몰랐어요. 하지만 그 원리를 현실에서 실천하였던 인물입니다. 집강소가 그랬지요. 준비되지는 않았으나, 중앙 권력 구상도 반드시 불가능하였다 할 수는 없어요. 그가 만일 군대를 이끌고 서울을 장악할 수 있었다면, 그곳에서 갑오개혁파의 입헌 정치 구상을 들었을 것입니다. 그리고 외국인들과 만나면서 서양은 물론이고 일본에서조차 입헌 정치가 현실이란 점을 알게 되었겠지요. 만일 그런 일이 일어났다면, 헌법·민주·공화 같은 말은 살아 있는 언어가 되었을 것입니다.

군국기무처를 구성하고 개혁을 주도하던 갑오개혁파 앞에는 세 가지 선택지가 있었을 것입니다.

첫째, 왕실이나 보수 세력과 타협하면서 고칠 만큼 고친다.
둘째, 농민군과 어떤 형태로든 합류하여 대대적인 개혁을 추진한다.
셋째, 왕실이나 수구 세력을 고립시키고 개혁을 추진하되 일본과 손잡는다.

그러나 그들이 권력을 잡을 수 있었던 결정적 힘은 일본에서 나왔고, 농민군은 일본의 침략을 경계하고 대적하고 나섰어요. 일본 역시 가장 강력한 항일 세력을 진압 대상으로 여겼지요.

결국 갑오개혁파는 민중적 흐름을 확장하기보다는 일본에 의존하기로 결정합니다. 민권을 인정하면서도 민중의 정치 참여에는 소극적이었던 본질적 한계가 드러난 것인지, 일본을 개혁의 모델로만 생각하고 그들이 침략자가 될 수 있다는 생각을 애써 외면한 것은 아닌지 모를 일입니다.

1894년 가을, 농민군이 일본과 전쟁을 선포하자, 개혁 정권은 군 지휘권을 일본에 넘기고 일본군의 꽁무니를 따라 농민군 진압에 나섭니다. 겨울로 가는 길목에서 낡은 질서를 해체하고 어렴풋이 민주주의를 지향하였던 움직임은 외세와 그에 의존한 세력에 의해 짓밟히고 말았습니다.

민주를 적대한 자유, 갑오개혁의 비극적 종결

개혁파는 권력을 잡았던 기간 동안 나름의 전망을 가지고 비교적 일관된 개혁을 추진하였어요.

그들은 초보적이나마 입헌 정치를 시도하려 했어요. 군주 한 사람이 모든 권력을 행사하고, 신분 차별을 제도화하였던 낡은 관행을 허물려 하였습니다.

국왕이 곧 국가는 아닙니다.
지금까지 모든 것이 국가와 국민을 위해 있지 않고 국왕 한 사람을 위해 만들어졌습니다.

국왕은 생사여탈권을 가졌고, 이것이 악의 원천이 되어 나라는 약해지고 가난해졌습니다.

—유길준이 미국인 스승 모스(E. S. Morse)에게 보낸 편지[7]

국왕의 권한을 제한해야 나라가 강해질 것이라는 생각에서 나온 일이겠지요.

개혁파는 1년 반 동안 개혁 관료가 입법권과 주요 관리 임명권을 행사하는 내각제를 실시하고, 지방 의회 구성을 시도한 향회 조례를 만들었지요. 신분 제도와 과거 제도를 폐지하였습니다. 사법 기구를 행정에서 분리하고, 민의 생명과 재산의 자유를 보장하고, 법 앞의 평등을 추구하였습니다. 돌이켜 생각하면 어마어마한 일입니다. 그 개혁을 민주와 공화국이라는 말로 평가하기는 어렵지만, 자유주의 개혁이라 할 만한 요소는 충분합니다.

그런데 이들의 개혁을 가장 못마땅하게 생각한 사람이 누구겠어요? 얼마나 많은 사람이 그동안 누렸던 기득권을 내려놓아야 할까요? 그 지점에서 생각해 보세요.

왕 비   내각을 둔 뒤 모든 정무를 내각이 독단적으로 처리하고 군주는 다만 요구에 따라 도장만 찍게 되었다.

왕   대신들이 원하는 대로 국체를 변혁해서 새로 공화 정치를 일으키든가, 또는 대통령을 선출하든가 너희들 마음 내키는 대로 하라.

—일본 공사관 기록[8]

당연히 왕실이 가장 불만이 많았겠지요. 또 불만이 많았던 사람은 누구였을까요?

모든 사람이 평등해진다면, 불평등한 관계에서 이득을 보던 이들은 어떻게 되나요? 전통적인 과거제를 폐지하고 분야별로 능력을 갖춘 이를 새로운 방식으로 등용하면, 유교 경전을 읽으며 평생 과거 공부만 하던 이들은 어떻게 될까요?

그렇습니다. 개혁은 기존 질서에서 특권을 누렸던 사람을 넘어서야 성취될 수 있습니다. 그래서 개혁이 진행될수록 개혁에 대한 저항이 커지는 것은 당연하겠지요.

왕실과 왕실을 지지하는 이들과 양반들이 거대한 반대 세력으로 결집하였어요. 개혁의 성패는 이처럼 강력하게 결집하는 수구 세력을 제어할 힘이 있을 때 가능했을 것입니다.

과연 개혁 세력은 그 힘을 가졌을까요? 그렇지 않다면 그 힘은 어디서 찾아야 했을까요?

좀 뜬금없는 이야기처럼 들릴지 모르나, 프랑스 혁명 이야기를 잠깐만 하겠습니다. 전개 과정을 간략히 요약하면 이렇습니다.

프랑스 혁명은 삼부회라 불린 신분제 의회가 열린 데서 시작합니다. 왕이 귀족에게 세금을 부과하려 하자 귀족은 왕에 맞서기 위해 의회 소집을 요구했고, 왕은 요구를 받아들이되 귀족을 견제하기 위해 제3신분을 밀었습니다. 그런데 정작 의회가 열리자 제3신분이 왕과 귀족 모두를 공격하고 나왔고, 화들짝 놀란 귀족과 왕이 한패가 되어 군대를 동원하려고 합니다. 바로 그때, 파리 시민들이 바스티유 감옥을 공격하고, 지방 농민들이 영주의 성을 공격합니다. 제3신분은 민중의 민주적 요구를 일면 수용하고 일면 경계하면서 혁명을 진행시켜 나갑니다.

프랑스 혁명과 갑오개혁을 마구 비교할 수는 없지요. 그러나 여전히 힘을 가진 수구 세력을 꺾을 힘이 민주주의를 지향하는 민중 운동 속에서 형성된다는 사실은 시사점이 많습니다.

'개혁 정권이 손쉽게 일본과 한패가 되지 말고, 민중의 민주적 요구를 수용하여 개혁 정권의 울타리를 만들 수 있었다면 좋았을 텐데' 하는 아쉬움이 많습니다.

이 시기 개혁파는 일신의 영달을 꾀하고자 권력을 휘두르지는 않았습니다. 대부분 친일 인사여서 친일 정권이라 부를 수는 있지만 그들을 나쁜 의미의 친일파와 동일시할 수는 없습니다. 그래서 이 시기 역사는 돌아볼수록 아쉬움이 많습니다.

하나의 사상이나 운동으로 결집되지는 못하였지만, 그들 속에서 자유주의의 싹을 볼 수 있었어요. 그 자유주의는 낡은 체제에 맞서 자유와 평등을 제도화한 민주공화국의 역사에서 중요한 첫걸음을 내디딘 것이었습니다. 그런데 그 자유주의가 민중을 적대시하고 외세와 타협한 잘못된 선례를 만든 것은 아닌가 하는 안타까움이 듭니다.

1896년 2월, 왕은 몰래 궁궐을 나와 러시아 공사관으로 갔습니다. 일본군의 위협에서 벗어난 왕은 곧바로 갑오·을미 개혁을 추진하였던 친일 개화파 대신을 체포하라고 명령합니다.

1년 반 동안 개혁을 앞장서 이끌었던 김홍집은 군중이 던진 돌에 맞아 세상을 떠났고, 적지 않은 관리가 또다시 망명길에 올랐습니다. 갑오·을미 개혁은 그렇게 끝났습니다.

수구와 온전하게 겨뤄 보지도 못하고, 수구와 겨루면서도 민주와 협력하지도 못하고, 나라를 부강하게 하자며 개혁을 시도해 놓고도 결국은 외세를 끌어들여 독립을 위태롭게 한 개혁!

아쉬운 개혁의 끝이 아닐 수 없습니다.

3
의회와 헌법을 상상하다

민주 정치의 제도화는 어떻게 시작되었을까?

1896년 2월 아관파천(~1897년 2월)
1896년 4월 《독립신문》 창간
　　　　　7월 독립협회 탄생
1897년 8월 독립협회 제1회 토론회 개최
　　　　　10월 대한제국 선포
1898년 3월 독립협회, 종로에서 만민공동회 개최, 반러 운동 전개
　　　　　4월 독립협회, 의회 설립 운동 추진
　　　　　10월 관민공동회에서 헌의6조 채택, 의회식 중추원 관제 제정키로 합의
　　　　　12월 독립협회 해산
1899년 〈대한국 국제〉 반포

고종: 대한국 정치는 오백 년을 이어 왔으며 만세불변할 전제정치다

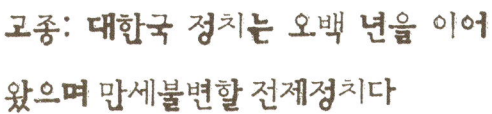

서재필: 법을 제정하거나 다른 나라와 조약을 맺을 때는 의회를 통해야 한다

단군과 기자 이후로 강토가 분리되어 각각 한 지역을 차지하고는 서로 패권을 다투어 오다가 고려 때에 이르러서 마한, 진한, 변한을 통합하였으니, 이것이 '삼한'을 통합한 것이다. 우리 태조가 왕위에 오른 초기에 국토 밖으로 영토를 더욱 넓혀…… 올해 9월 17일 하늘과 땅에 제사를 지내고 황제의 자리에 올랐다. 나라 이름을 '대한'으로 정하고 이 해를 광무 원년으로 삼으며…….

-《고종실록》, 1897. 10. 13.

나라 이름을 조선에서 대한으로 바꾸었으며, 대조선 국왕은 이제 대한제국의 황제로 고쳐 부른다는 글입니다.
어떤 사람에게도 이름은 가장 중요한 상징입니다. 당연히 나라 이름 바꾸기가 단순히 이름만 바꾸는 데서 그치지는 않았을 것입니다.
민주공화국의 역사를 찾아가는 세 번째 여행.
이번에는 역사상 처음으로 대한이란 국호가 등장한 때, 그 대한의 내실을 갖추기 위해 벌였던 치열한 토론의 장으로 들어가려 합니다.
'대한은 어떤 나라가 되어야 할까?'
우리는 이 질문을 놓고 치열하게 벌인 토론에서 의회와 헌법의 기원을 이야기할 중요한 단서를 발견할 수 있습니다.

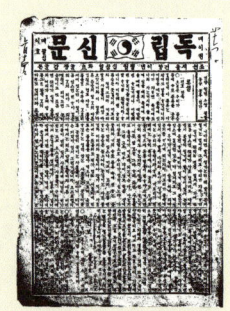

1896년 조선, 공론장이 열리다

1896년 2월부터 꼬박 1년 동안 왕은 러시아 공사관에서 머물렀습니다. 넓은 대궐을 두고 좁은 외국 공사관에서 더부살이하는 처지는 피난이나 진배없었습니다. 그래서 이 사건을 아관파천이라 부르지요.

나라 안에 외국 군대가 머물면서 비롯된 일이지만, 한 나라 왕이 제 몸 하나 건사하지 못해 남의 나라 공사관으로 피난하였다니 참 창피한 일이었어요. 그래서 부끄러우니 당장 궁궐로 돌아오라는 목소리도 높았지요.

하지만 그럴 만하다고 생각한 이들도 많았어요. 파천을 주도한 사람이 다 러시아 앞잡이도 아니었고요. 그들은 일본의 위협은 현실이며, 러시아와 미국의 힘을 빌려 일본을 견제해야 한다고 생각하였습니다.

그들은 갑오·을미 개혁을 주도한 이들을 역적으로 간주하였어요. 그리고 그때 만든 법 중에서 내각 관제처럼 왕권을 크게 제약하는 법률은 정지시켰지요.

그러나 그들 역시 독립을 유지할 수 있을지에 대해서는 위기감을 느꼈고, 변화야말로 유일한 해법이라 생각했습니다. 그래서 이전에 만든 법 가운데 좋은 법은 그대로 시행하고, 이전 정권의 정책 중에서 이어받은 것도 많았어요. 신문 만들기는 그 대표적인 사례입니다.

"개혁의 취지를 널리 알려야 합니다. 그리고 인민들 사이에서 일어나는 일이 여러 사람에게 알려지고, 어떤 정책이 바람직한지 토론이 활발해질 수 있어야 합니다."

이전 정권이나 새 정권이나 이 같은 생각은 같았어요.

1896년 4월 7일, 서재필을 발행인으로 하는 《독립신문》이 창간되었습니다. 서재필은 갑신정변에 참가하였다가 미국에 망명하여 10여 년을 보냈던 인물이지요. 조정에서는 서재필을 중추원 고문으로 임명하여 상당한 급여를 보장하고, 신문사 건물을 임대해 주고, 신문 발행에 필요한 자금을 지원하고, 취재와 신문 판매를 적극 후원하였지요.

《독립신문》은 첫해에는 사흘에 한 번 2,000부 정도 발행했고요, 그다음 해는 이틀에 한 번, 1898년부터는 일간 신문이 되었습니다. 발행 부수도 많이 늘었지요. 처음에는 정부를 대변하는 역할이 컸는데, 시간이 지나면서 신문이 가져야 할 본연의 위치를 찾아갔지요.

《독립신문》이 창간될 무렵, 또 하나 중요한 일이 진행되었어요. 그것은 바로 국민들이 모금 운동을 벌여 자주독립의 상징물을 만드는 일이었어요. 청에 독립한 것을 기념하되, 자주와 독립을 향한 국민 의지를 끌어올리자는 취지였어요.

그 운동은 바로 독립문 만들기였어요. 갑오개혁을 거치면서 청과 사대 관계를 완전히 단절한 것을 기념하기 위해서였습니다. 청의 사절단을 맞던 영은문을 헐고 그 자리에 자주독립의 상징물을 세우자는 운동이었지요. 왕실과 관리들은 물론 각계각층에서 자발적으로 성금을 모았어요.

이 과정에서 그 유명한 독립협회가 탄생하였지요. 독립협회는 고위 관리가 주도하는 독립문 건립 추진위원회 정도로 출발하였어요. 그런

1896년 창간된 《독립신문》 창간호 순 한글로 발행한 최초의 신문이다. 창간호 논설에서 "정부에서 하시는 일을 백성에게 전할 터이요, 백성의 정세를 정부에 전할 터이니…… 이 신문을 인연하여 내외 남녀 상하 귀천이 모두 조선 일을 서로 알 터이오."라고 발간 취지를 밝혔다.

데 참가하는 시민들이 많아지면서, 주도하는 이들도 달라지고 활동 내용도 점차 요즘 시민 단체처럼 변하였어요.

신문이 없는 세상을 한번 생각해 보세요…….

상상이 가나요? 신문이 없이 공적인 관심사를 공유할 수도 없고, 신문이 없다면 생각이 다른 사람들이 토론하고 대안을 찾는 것도 불가능하지요.

시민 단체나 정당이 없다면 또 어떨까요?

역시 상상이 잘 안 가지요? 나라에서 시키는 일을 무조건 따르는 것 말고 무엇이 가능할까요?

1896년은 주권 상실의 위기감이 매우 높았어요. 《독립신문》이나 독립협회는 바로 이 같은 위기 상황을 공유하고, 대안을 함께 찾아가려는 노력 속에서 등장하였지요. 그것은 단지 여러 신문 중의 하나, 여러 단체 중의 하나 그 이상이었습니다.

본격적인 언론이 만들어지고, 시민 사회 단체 역할을 하게 될 단체가 결성되면서, 새로운 차원의 공론장이 열린 것입니다. 정부에서 하려는 일이 더 많은 사람들 사이에서 공유되고 토론되며, 폭넓은 참여 속에서 국가 활동이 시작될 단서가 마련된 것입니다. 새롭게 열린 공론의 장이야말로 민주공화국으로 가는 또 하나의 디딤돌이 되었습니다.

주권은 누구에게 있나?

1897년 2월, 고종은 아관파천을 끝냈어요. 아관에 머물더라도 러시아에 더 기대할 것이 없었고, 일본이 더는 고종을 위협하지 않겠다고 약속하였기 때문입니다. 그렇다고 위기가 끝난 것은 아니었지요. 두 나라 모두 조선에 군대를 주둔하였으며, 조선의 운명을 놓고 자기들끼리 비밀 협상을 하였으니까요.

그러니 정부 관리든 민간이든 실력 양성만이 살길이라 생각하였어요.

"학교를 세우고 인민을 교육하기!"
"산업을 일으켜 국력을 기르기!"

여기에 이견이 있을 수 없었어요. 국어와 국사 교육을 강화하고, 인민의 애국심을 제고하는 여러 활동도 이루어졌지요.

아세아에 대조선이	자주독립 분명하다
(합가) 애야에야 애국하세	나라위해 죽어보세
분골하고 쇄신토록	충군하고 애국하세
깊은잠을 어서깨어	부국강병 진보하세
합심하고 일심되어	서세동점 막아보세
남여없이 입학하여	세계학식 배워보자
팔괘국기 높이달아	육대주에 횡행하세[1]

《독립신문》에 나온 〈애국가〉란 노래입니다. 그 무렵 자주와 독립이란 말이 유행하였고, 이를 위해서는 애국하자는 운동이 활발하였습니다. 공론장에서는 본격적인 토론이 활발하게 이루어졌습니다. 정치와 외교, 국방 등의 영역에서 활발하였고, 토론에 참가하는 사람도 다양하였지요.

어떤 이들은 일본을 막으려면 러시아의 힘을 빌려야 한다고 생각하였어요. 또 어떤 이들은 러시아의 침략을 막는 것이 시급하다고 생각하였지요. 그런데 일본과 러시아는 물론 영국과 미국 등 제국주의 국가들이 조선의 약점을 잡고 이권을 빼앗으려 혈안이 되었으니 어느 쪽이 옳은지 판단이 쉽지 않았어요.

애국과 온 국민의 단합을 강조하는 이야기가 많았습니다. 그러나 무작정 단결하자고 해서 단합이 이루어지는 것은 아니잖아요? 어떤 이들은 무엇보다 왕권이 안정되어야 한다고 충군애국을 함께 이야기합니다. 그러나 또 어떤 이들은 부패한 관리가 물러나고 민권을 제도적으로 뒷받침할 수 있어야 애국심이 높아지고 대단결이 가능하다고 주장합니다.

처음 독립협회가 조직될 때만 해도 의견 차이는 크지 않았어요. 그러나 시간이 흐르고 토론이 치열해지면서 점차 두 흐름이 두드러져요. 친러 왕권파라 불릴 만한 세력, 반러 민권파라 불릴 만한 세력으로 나뉩니다.

왕권파를 대변할 인물로 고종을 들 수 있지요. 많은 정부 관리가 해당되겠지만, 이미 노회한 정치인이 된 고종이 가장 중심 인물이었습니다. 민권파를 대변할 만한 인물로는 서재필이나 윤치호, 이상재 등이 있습니다. 이들은 갑오·을미 개혁 정신을 제대로 이어가야 한다고 생각하였습니다.

민권파는 권력을 감시하고 민의 정치 참여를 확대할 때 올바른 정치가 이루어진다고 주장해요. 그래서 부패한 대신의 사퇴를 요구하고 서양의 상원과 같은 의회를 설립하자고 주장합니다.

왕권파도 여론을 수렴하여 정치를 하겠다고는 약속해요. 그러나 갑오·을미 개혁 때 내각 관제가 왕을 껍데기로 만들었다며 왕이야말로 유일한 권력자라고 응수합니다.

1897년 5월부터 왕권파의 행동이 본격화됩니다. 처음에는 몇몇 사람이 고종에게 황제 즉위식을 치르라는 상소를 내는 정도였어요. 그런데 9월에 이르자, 수많은 사람이 고종의 황제 즉위를 요구하는 상소를 올려요. 10월 초에는 정부 관리들의 연대 상소까지 나옵니다.

"일본과 청이 황제를 칭하는데, 우리만 왕이라 할 이유가 없습니다."
"나라 안팎에 우리의 자주독립의 의지를 과시한다는 차원에서라도 왕을 황제로 높여 부르소서."

고종은 아홉 차례나 거절하는 형식을 취합니다. 그리고 10월 3일 마침내 그 뜻을 따르겠다고 발표하였어요. 그러나 그 과정을 곰곰이 살펴보면, 실은 왕권파가 미리 계획하고 일을 추진하였다는 느낌이 듭니다. 그것이 군주권을 강화하는 데 도움이 될 것으로 생각한 거죠.[2]

민권파 대부분은 부정적이었어요. 우선 《독립신문》 10월 2일자 논설을 읽어 보시죠.

"꼭 대황제가 계셔야 자주독립 국가가 되나?"
"황제 즉위식이 뭐가 그리 급할까?"
"나라의 자주독립이 위태로운데, 이런 행사 치르기보다 독립의 내실을 다지는 데 더 힘을 기울여야 하지 않나?"

이 같은 냉소적 분위기는 당시 《독립신문》 곳곳에서 찾아볼 수 있습니다.

그러나 왕권파는 거침이 없었어요. 8월에는 연호를 광무라 정하였고, 10월 12일에는 황제 즉위식을 치렀으며, 이튿날 나라 이름을 조선에서 대한으로 고쳤어요.

이로써 조선 왕국은 대한제국으로 바뀌었으며, 국왕 전하였던 고종은 이제 대황제 폐하로 불리게 되었어요. 오늘날 우리나라 이름인 대한을 처음으로 사용한 때가 바로 이때입니다.

중추원을 고쳐 의회처럼 운영하자

1897년 8월 29일 독립협회는 처음으로 토론회를 열었습니다. 시민이라면 누구나 발언할 수 있었지요. 이후 매주 한 번씩 토론회를 열었어요. 나라를 부강하게 할 방도가 무엇인지, 교육을 진흥하려면 어떻게 해야 할지, 바꾸어야 할 생활 풍습으로는 어떤 것이 있는지 등 여러 논제가 등장하였어요.

그런데 당시로서는 참 생소한 형식의 모임이었어요. 형식적으로는 토론장이지만, 그것은 단체가 시민을 교육하고 계몽하는 장이고, 그러면서도 또 어떤 때는 참가자들의 의사를 조직하여 정부에 요구하는 집회의 성격도 가졌어요. 수백 명의 청중이 참가한 날도 있었지요. 독립협회가 민중 속으로 들어가고 있음을 분명히 보여 주는 활동이었습니다.

그러던 차에 독립협회가 적극적으로 정치 문제에 개입할 일이 터져 나옵니다. 일부 대신이 러시아와 옳지 않은 거래를 한 것이 발단이었어요. 1897년은 러시아가 조선에 세력 확장을 꾀하면서 긴장이 높아지던 때였어요. 러시아 교관이 군대 훈련을 맡고, 재정 고문까지 하던 때였으니까요. 그런데 대신 한 사람이 부산 동쪽의 절영도를 러시아에 넘겨주는 조약에 서명한 것입니다.

소식을 전해 들은 독립협회는 토론을 통해 반대 활동에 나서기로 결

만민공동회에 참여한 사람들 만민공동회는 이전의 정치 집회라 할 집단 상소 운동과 구별되는, 완연히 다른 유형의 정치 집회였다. 《독립신문》 발행과 독립협회의 조직, 대중 정치 집회 개최 등은 민주주의 실천의 기본이라 할 공론장이 본격적으로 형성되는 과정을 잘 보여 준다.

정해요. 많은 사람이 참가한 토론회를 개최하였고, 토론 내용을 정리하여 상소문을 쓴 뒤 참가자들이 서명하여 상소문을 제출한 것입니다.

> 나라가 나라답다는 것은 다른 나라에 의존하지 않고 법에 따라 정치를 하기 때문입니다. 그런데 재정과 군사를 남의 나라에 의존하고, 관리들이 법에 없는 일을 저지르고 있으니⋯⋯.
> ─독립협회, 〈구국 선언 상소문〉, 1898.[3]

곧이어 서울 한가운데서 만민공동회라 불린 대규모 민중 대회를 열었어요.

　상인이 대회장으로 선출되고 청년과 학생 들이 연설대에 올랐어요. 러시아의 간섭을 물리치자는 연설이 이어질 때마다 1만여 명에 이르는 참가자는 우레와 같은 박수를 보냈지요.

　상상을 뛰어넘는 만민공동회 열기에 러시아도 황제도 깜짝 놀랐어요. 황제는 결국 민중의 뜻을 따랐고, 러시아도 당초 요구에서 물러났어요. 민중과 가까이하려는 독립협회의 노력, 자주독립을 향한 민관의 높은 의지가 이루어 낸 성과였지요.

　그런데 이 무렵부터 독립협회는 서재필이나 윤치호, 이상재 같은 민권파가 본격적으로 주도합니다. 정부 내 고위 관리가 거의 독립협회를 떠났고, 전·현직 중견 관리, 신교육을 받은 지식층, 서울의 상인 등의 참여가 크게 늘었습니다.

　반러 운동의 연장선에서 독립협회 지도부는 의회 설립을 주장하였습니다. 4월 3일에는 의회 설립을 주제로 토론회를 열었고, 4월 30일자 의회 설립을 주장하는 장문의 논설을 《독립신문》에 게재하지요. 그리고 7월에는 두 차례 상소 운동을 전개합니다.

"대신이 함부로 일 처리를 못 하게 해야 한다."
"법을 제정하거나 다른 나라와 조약을 맺을 때는 의회를 통해야 한다."

　윤치호 등은 이런 구실을 앞세웠으나, 내심 민의 참여 속에서 왕권을 제한하고 정부를 감시해야 한다는 생각을 대변한 것입니다.

　황제나 정부에 참가한 왕권파는 완강하게 거부합니다.

그렇다고 독립협회가 요즘 같은 국회를 주장하지는 않았어요. 그들 역시 황제의 권위를 인정하였고, 정부가 나랏일을 주도해야 한다고 생각했어요. 다만 갑오개혁 때 중추원을 설치하였으니, 규정을 고쳐서 이 기구를 의회처럼 운영하자는 정도였어요.

황제와 정부는 의회 설립을 반대하고, 독립협회는 이를 규탄하는 시위를 조직하였어요. 10월 내내 서울 시내에서는 시위가 이어졌어요. 결국 황제는 독립협회의 제안을 받아들였습니다.

제1조 중추원은 다음 사항을 심의 의결한다. 법률과 칙령을 제정·폐지하거나 개정하는 일. 의정부에서 황제에게 아뢰는 일 모두. 인민의 건의 사항······.

제3조 중추원 의관은 황제가 임명하되, 절반은 정부에서 추천하고 나머지 절반은 독립협회가 27세 이상으로 정치·학식·법률을 잘 아는 자를 투표로 선출한다.

제12조 의정부와 중추원의 의견이 다를 때, 함께 의논하여 합의한 뒤 실천할 것.

—중추원 신관제, 1898. 11. 4.

규정대로만 하면 중추원이 사실상 외국 의회처럼 운영되는 것입니다. 비록 황제가 의회 위에 있고, 황제가 의원의 절반을 임명하는 한계는 뚜렷하지만, 이 제도가 시행된다면 역사상 최초로 의회가 설립되었다 해도 큰 흠이 있을 정도는 아니었습니다.

나를 체포하라

1898년 11월 5일. 이날은 독립관에서 의원을 선출하는 날이었어요. 그런데 아침부터 거리는 뒤숭숭하였어요. 밤 사이에 황제가 갑자기 마음을 바꾸었다는 것입니다. 황제가 왕권파를 다시 등용하였으며, 독립협회 주요 지도자 17명을 구속하고 독립협회 해산도 명했다는 이야기도 들렸습니다.

독립협회 회원들은 큰 충격을 받았어요. 당시 윤치호의 일기장을 훔쳐 볼까요?[4]

"이 사람이 황제라니!"
"거짓말을 능사로 하는 배신적인 어떤 비겁자라도 대한의 대황제보다 더 천박하지는 않을 것이다."

회원들은 삼삼오오 구속자들이 있던 경무청을 향하였어요. 그 뒤를 상인과 학생 들이 따랐어요. 오전에 벌써 경무청 앞은 수천 명의 시위대로 가득하였어요. 경찰 책임자와 한성 판윤이 시위대 앞에 나서 해산을 종용하였어요.

"나를 체포하라!"
"나도 체포하라!"

군중은 해산을 거부하며 자신도 끌려가겠노라고 버텼어요.

하루 이틀이 지나도 시위대는 줄어들지 않았어요. 처음에는 경무청 앞에서, 나중에는 고등 재판소 앞에서 날마다 수천 명이 시위를 하였지요.

황제는 결국 구속자를 석방하였어요. 그러나 독립협회는 시위를 끝내지 않았어요. 독립협회 해산 명령을 거두고, 중추원 개편 약속을 지키라는 것이었죠.

황제는 군대 출동이란 최후의 카드를 만지작거립니다. 그리고 황국협회란 보수 단체를 부추깁니다. 11월 21일 이른 아침, 몽둥이를 든 황국협회 회원들이 시위대를 덮쳤어요. 집회가 열리던 경운궁 남문 앞은 갑작스레 아수라장이 되었고, 시위대는 모두 흩어졌어요.

그렇게 시위는 끝났어요. 보부상이 중심이었던 황국협회는 신나게 떠들어 댔고, 황제와 정부 관리도 안도의 한숨을 내쉬었어요.

그러나 그들은 그것이 새로운 시작이었다는 것을 곧 알아차렸어요. 소식을 전해 들은 시민들이 하나둘 모여들기 시작한 것입니다. 종로로 모여든 시민의 수는 궁궐 앞 시위대의 몇 배에 달했어요. 폭발적으로 늘어난 시민들은 서울 곳곳을 행진하면서 기세를 올렸어요. 이같은 시위가 11월 26일까지 이어졌어요. 결국 황제가 직접 시위대 앞에 나와 독립협회 활동을 허용하고, 중추원을 개편하겠다고 약속함으로써 시위대는 자진하여 해산하였습니다.

11월 29일, 황제는 50명의 중추원 의관을 임명하였어요. 그러나 처음 약속과 달리 선출 절차도 없었고, 보부상 단체나 지방 유림의 대표를 두루 집어넣었습니다.

독립협회는 불만이 많았어요. 그러나 치열한 토론 끝에 일단 정부

방침을 수용하기로 결정합니다. 중추원 개설 문제로 갈등이 너무 오래 이어지는 것이 부담스러웠거든요. 드디어 몇 달 동안 서울 전체를 들고 놓았던 중추원 개편 문제가 일단락되었습니다. 그리고 드디어 첫 회의 일정도 잡혔습니다.

황제의 대반격, 그리고 〈대한국 국제〉

폭풍 같은 몇 달을 보내면서 황제는 참 많은 생각을 하였을 것입니다. 황제는 중추원을 의회처럼 개편하면, 결국 자기가 가진 많은 것을 내놓아야 한다는 사실을 깨달았지요. 그래서 버틸 만큼 버티고, 이리저리 비틀고, 그도 저도 안 될 때는 군대까지 동원할 생각이었어요.

결국 민의 뜻에 따라 중추원을 개원하면서도, 황제는 두 가지 장치를 마련하였어요. 정부를 자신의 측근 세력으로 재편하였고, 중추원 의관을 지명하면서 독립협회 출신을 17명으로 제한하고, 보부상 단체에서 16명, 지방의 유학자들 중에서 17명을 추천받아 채웠어요.

독립협회 지도부는 이 상황을 인정하였지만, 특히 급진적인 청년 회원들을 중심으로 황제의 의도를 경계하는 흐름이 뚜렷했어요. 이런 식으로 약속이 지켜지지 않으면, 중추원이 열린다 해도 제 몫을 할 수 없다는 생각이었습니다. 결국 독립협회 급진파는 12월 6일부터 다시 만민공동회를 열었어요.

그러자 왕권파 역시 전의를 불태웁니다. 그들은 독립협회가 아예 황제를 없애고 공화 정치를 시도하려 한다고 비난하였어요. 이날부터

10여 일 동안 만민공동회 진영과 이를 제압하려는 경찰과 보부상의 움직임으로 서울 전체에 긴장감이 돌았지요.

드디어 12월 15일 중추원이 열렸습니다. 의회 설립의 설렘보다는 충돌 직전의 긴장감이 감돌았지요.

다음 날, 독립협회 내 급진파는 중추원에서 대신 후보자를 추천하자고 밀어붙입니다. 급기야 반역자로 몰려 일본에 쫓겨 간 박영효와 미국 국적을 가진 서재필을 포함한 대신 후보자를 추천합니다.

"중추원이 규정에도 없는 일을 하여 정부를 위태롭게 하다니!"
"일부 의관이 역적을 대신 후보로 추천한 것은 있을 수 없는 일이다!"

황제는 결국 군대를 동원하였어요. 12월 23일 군대는 집회를 강제 해산하였고, 이튿날부터 아예 집회를 막았어요. 일을 주도한 독립협회 급진파를 체포하고, 모든 정치 사회 단체를 해산하였습니다.

1899년에 접어들면서 황제 쪽의 반격은 거침없이 이어졌어요. 독립협회에 우호적이었던 관리를 면직하면서, 해산하였던 보부상 단체를 되살리고 그 지도자를 관직에 등용하였어요.

그러고 나서 드디어 자신의 뜻대로 국가 제도를 법제화했습니다.

제1조　대한국은 세계가 공인한 자주독립의 황제국이다.
제2조　대한국 정치는 오백 년을 이어 왔으며 만세불변할 전제정치다.
제3조　대한국 대황제는 무한한 군권을 누린다.
제4조　대한국 신민이 군권을 넘볼 경우, 행동을 했는지 아닌지와 상관

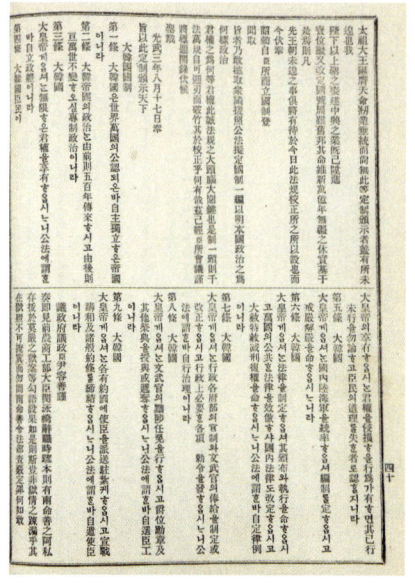

〈대한국 국제〉가 실린 관보 1899년 8월 17일 정식으로 공포되었다. 국민의 권리에 관한 규정이 전혀 없으니 군주가 제정한 헌법(흠정헌법)이라 하기도 민망한 수준이다. 〈대한국 국제〉는 민권을 가장 초보적인 형태로 제도화하려던 의회식 중추원 개설 운동을 제압한 결과를 반영하였다.

없이 신민이 아니라 할 것이다.

—〈대한국 국제(大韓國國制)〉

법 중의 법이라 할 〈대한국 국제〉를 제정한 것입니다.

〈대한국 국제〉는 우리 역사상 최초의 헌법이라 할 만합니다. 그러나 황제가 제정한 방식을 취하였고, 내용 역시 황제의 절대적 권한만 천명하였을 뿐, 국민이 누릴 권리를 천명하고 이를 보장할 국가의 역할은 언급조차 하지 않았어요.

대한이 자주와 독립을 유지하기 위해서는, 민권을 확대하고 의회를 통해 국민을 통합하는 것이 필요하다는 주장을 송두리째 부정한 셈이지요. 아니, 오히려 그것을 억제하고, 그것을 주장하는 이들은 비국민으로 간주하여 엄격하게 처벌하겠다고 협박하는 내용을 포함하였어요.

그 이유를 황제는 "오백 년 동안 군주국이었으니……."라는 말로 정당화합니다. '내가 왕이어서 왕이라 하는데 왕에게 왕이 무엇이라 묻는다면 왕은 그저 나는 왕이다.'라고 말하는 셈이지요.

1897년 대한이란 새 나라가 탄생하였어요.

그러나 그 나라는 민국이 아니라 제국이었고, 그래서 국민이나 인민은 없고 황제와 신민만 있었지요. 새 나라에 어울리는 국제도 만들었으나, 그것은 헌법이라 부르기도 어렵고 아니기도 어려운 것이었습니다. 헌법은 민주주의 국가에 어울리는 말이기 때문입니다. 민주국가에서 헌법은 국민이 만들고, 국민이 누릴 권리를 천명하며, 그것을 보장할 국가의 임무와 역할을 정한 규범이기 때문이지요.

그런데, 왜……

그런데 글을 읽으면서 궁금증이 들지 않았나요? 의회 설립 상소부터 〈대한국 국제〉 반포까지 거의 1년 동안 진행된 일을 보면서 이해하기 어려운 대목은 없었나요?

이때 역사를 공부하면서 저는 무척 의아한 일이 두 가지 있었어요.

첫째는 고종이 군대를 동원해 단번에 끝낼 수 있었는데, 왜 그렇게 질질 끌려다니고 심지어는 이런저런 꼼수까지 썼을까요?

둘째는 독립협회 운동에 놀랄 만큼 많은 시민이 동참했는데, 결정적으로 이 단체가 해산당하고 여러 사람이 구속되는 마지막 시기에는 왜 큰 저항이 없었을까요?

여러 설명이 가능하겠지만, 첫 번째 질문에 대한 제 나름의 이해는 이렇습니다.

독립협회가 취한 대외 정책에서 열쇠를 찾을 수 있을 것 같아요. 서재필은 미국인 필립 제이슨(Phillip Jason)으로 내내 살았고, 윤치호는 영어 통역이 가능하였던 사람인데요. 두 사람 모두 대표적인 친미 정치인입니다. 그들은 러시아를 단호하게 반대하였지만, 일본, 미국과 영국에 대해서는 전혀 다른 시각을 가지고 있었습니다. 특히 미국과 영국을 세계적인 문명국으로 여기고, 그들에게 배워야 한다는 점을 누차 강조하였지요. 그래서 고종이 군대를 동원하려 할 때, 미국과 영국, 일본 공사관에서 만류하였습니다. 이들이 자주독립을 내걸고 나름대로 활동할 수 있었던 것은 국가 주권이 그만큼 흔들리던 상황이 만들어 낸 아이러니라 할 수 있습니다.

독립협회 활동에 참가한 사람들의 면면을 살피면 두 번째 의문에 대한 답도 생각해 볼 수 있습니다. 정부와 대립각을 막 세울 때 독립협회는 전·현직 중견 관리가 중심이 되고 신교육을 받은 학생과 졸업생, 서울의 상인이 많았어요. 막판에는 학생 비중이 높았습니다.

그런데 당시 서울 인구라야 겨우 20만 명 안팎이고, 상인이나 신지식층 수도 적었을 것입니다. 인구 대다수는 서울 밖에 살았고, 그들 대부분은 농민이지 않았을까요? 신지식층보다는 유교 지식인이 훨씬 많았을 테고요.

황제는 독립협회에 참가하지 않은 층을 아우르기 위해 정치력을 발휘하잖아요. 보부상 단체를 지원하고, 유림의 활동도 지원합니다. 이에 맞추어 보부상이나 유림은 독립협회를 공격하는 활동을 벌이기도 하고요. 그런데도 독립협회는 더 많은 사람을 자기편으로 끌어들이려는 노력을 게을리하였어요. 심지어 지방에서 독립협회 지회를 설립하겠다는 데도 반대하였거든요.

조금 멀리서 보면, 독립협회 지지자들은 넓은 바다에 떠 있는 작은 섬 정도였을 겁니다. 그런데도 일부 급진파는 자신들이 인민 전체를 대변한다고 생각하고 권력을 장악하려 한 것이지요.

사실은 전혀 그렇지 않았지요? 그러니까 다른 계층이 독립협회 활동을 공공연하게 비난하고, 외국 공사관이 군대 동원에 반대하지 않자 곧바로 힘을 쓰지 못하게 된 것이지요.

그런데 대체 왜? 독립협회 주도층은 국민 속에서 더 많은 지지층을 조직하는 데 소극적이었을까요?

그들 대다수는 "모든 인간은 평등하며, 자유, 생명, 재산의 권리를 타고났으니, 국가는 이를 함부로 구속할 수 없다."라고 주장하며 이를 제도화하려던 사람들 아니었나요?

하원은 백성에게 정권을 주는 것이다. 정권을 갖는 사람은 지식과 학문이 있어서, 내 권리를 알면서도 남의 권리를 해치지 않고, 사적인 일보다 공무를 앞세우며, 큰 의리를 숭상하여 백성과 나라에 유익한 정치를 해야 한다. 무식하면 한 사람이 다스리나 여러 사람이 다스리나 나랏일이 잘못되기는 마찬가지다. 무식한 세계에는 군주국이 도리어 민주국보다 견고하다는 사실이 역사와 다른 나라 상황이 보여 준다.

―《독립신문》, 1898. 7. 27.

독립협회가 막 의회 설립 운동에 나설 무렵 《독립신문》에 실린 글입니다. 이 글을 쓴 사람은 백성보다는 국가를 앞세웠고, 백성을 나라의 주인, 정치의 주체라 생각하지는 않았어요. 그러니까 "무법한 인민과 시세를 알지 못하는 유생층이 민병을 조직하였으니 박멸함이 마땅하다."(《독립신문》, 1896. 8. 6.)라거나, "수도에 외국 군대가 와 있어 동학과 의병을 막아 주니 다행"(《독립신문》, 1898. 4. 14.)이라는 막말이 버젓이 《독립신문》에 실렸겠지요.[5]

그러니까……

독립협회가 한심하다, 혹은 매국노 같다는 이야기를 하려는 게 아닙니다.

회원들은 자주와 독립을 열렬히 소망하였고, 그래서 충군과 함께 애국이란 단어를 퍼뜨리고, 활발하게 실천하였어요. 게다가 민권이란 단어를 대중화하고, 민이 주인 되는 나라를 지향해야 한다는 점을 뭇사람들이 수긍하도록 만드는 데 중요한 역할을 하였지요.

하지만 외세의 침략으로 주권이 흔들리던 때였잖아요. 그래서 국권을 지키는 일을 민권을 확장하는 일보다 시급하게 여겼어요. 민권을 말하면서도 민권을 제한하자는 모순은 여기서 비롯된 것이지요. 자유를 지향하면서도 민중, 민주주의와 손잡기보다 수구와 타협하고 외세에 의존하였던 이유도 여기에 있었을 것입니다.

그리고 바로 그 때문에 그들은 결국 실패하고 말았지요. 그들이 말한 그 자유조차 실은 수구나 외세와 대결할 수 있는 민주의 힘에 의해서만 성취될 수 있었을 텐데.

4

군주제에서 민주공화제로

민주공화제를 우리 것으로 삼은 때는 언제였을까?

1904년 러일전쟁 시작
1905년 을사조약으로 외교권 박탈
 이준 등 헌정연구회 조직
1907년 고종 강제 퇴위
 안창호, 양기탁 등 신민회 조직
1909년 《신한민보》 창간
1910년 국권 상실
 미주에서 대한인국민회 창립
1911년 중국, 신해혁명으로 공화국 수립
1914년 제1차 세계대전 시작
1915년 대한광복회 설립
1917년 〈대동단결선언〉 발표

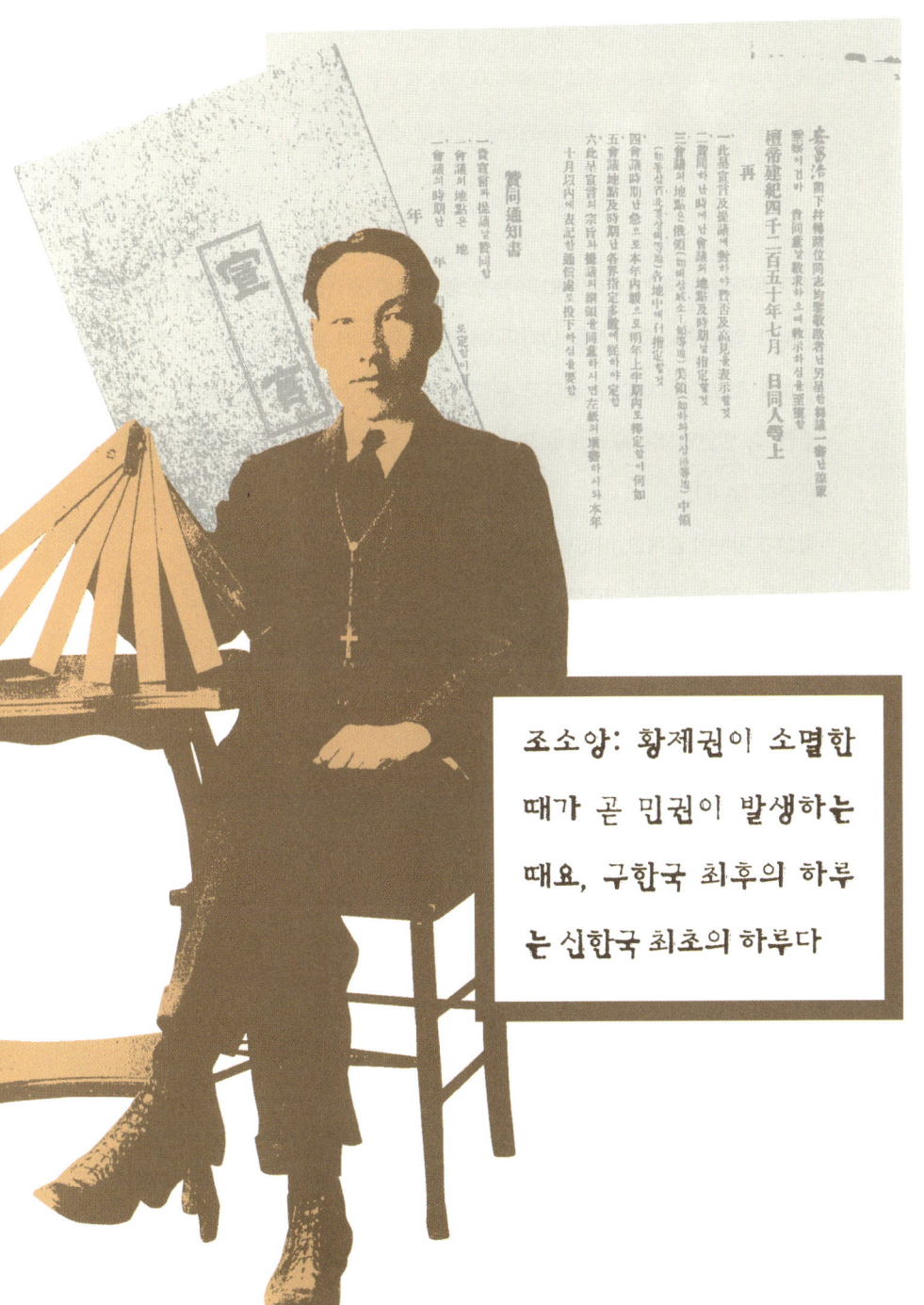

융희 황제가 (일본에 투항하여) 작위를 받는다면 우리는 더 이상 그를 우리 군주로 인정할 수 없다⋯⋯ 이제 일본에 투항한 정부를 대신하여, 인민의 정신을 대표하며 우리 인민의 복리를 도모할 새 정부를 세우겠다.

－《신한민보》, 1910. 7. 6.

미주 동포들이 펴낸 《신한민보》의 논설 중 일부를 옮겼습니다. 동포들은 황실과 정부가 일본에 굴복한 점을 안타까워하면서, 적 앞에 굴복하고 민족을 배반한 황실과 정부를 용서할 수 없다고 주장합니다. 그리고 한 걸음 더 나아가, 인민주권, 즉 인민의 복리를 도모할 새 정부는 이제 인민의 손에 의해 구성될 것임을 분명히 합니다.[1]

황실이 일본에 굴복한 1910년 8월 29일.

그날은 나라의 주권이 일본에 넘어간 슬픈 날이었습니다. 그러나 그날은 동시에 나라를 외적에 넘긴 군주제에 대한 미련이 사라진 날이기도 합니다. 그리하여 민주공화제야말로 새로운 시대의 올바른 국가 형태란 문제의식이 본격적으로 시작된 출발점이기도 할 것입니다.

민주공화제,

이번 이야기는 그것을 실천 과제로 삼았던 첫 세대들의 피와 땀과 눈물이 얽힌 이야기입니다.

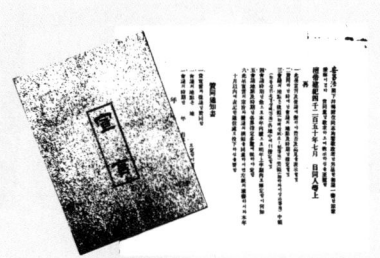

구한국이 사라짐을 통곡하며, 신한국 건설을 축원한다

- 한국 황제는 한국의 통치권을 영원히 일본 황제에게 넘긴다.
- 일본 황제는 이를 받아들여 한국을 일본에 병합하도록 허락한다.
- 일본 황제는 한국 황제와 그 가족이 상당한 명예를 누리도록 돈을 충분히 준다.
- 이제 일본 정부는 한국을 온전히 다스리며 법을 지킨다면 누구나 생명과 자유를 보장한다.

1910년 8월 29일에 공개된 강제병합조약의 일부입니다. 대한제국의 총리 대신 이완용과 일본의 통감 데라우치 마사타케가 서명을 하였더군요.

말대로라면 참 엄청난 내용입니다. 있을 수 없는 일이지요. 그런데 그 발표가 났는데도 세상은 고요했어요. 을사조약에서 시작된 5년 여의 저항이 피로써 진압되었고, 일본 군대의 감시가 철통같았기 때문이겠지요. 그렇다고 그들의 울음조차 막을 수는 없었겠지요. 홀로 통곡하던 이들, 입안에 울음을 감추었던 이들이 참 많았을 것입니다.

새와 짐승도 슬피 울고 강산도 찡그린다.
무궁화 온 세상이 이젠 돌아올 수 없구나.
가을 등잔 아래 책 덮고 지난날 돌아보니
세상에서 글 읽은 이 노릇 어렵기만 하구나.

— 황현, 〈절명(絶命)시〉

분노, 슬픔, 자신이 해야 할 일을 하지 못한 데 대한 부끄러움⋯⋯.
재야의 지식인 황현은 이 발표가 난 뒤 여러 날 불면의 밤을 보내다가 스스로 목숨을 끊었지요.

그래도 나라 밖은 조금 나았던 모양입니다. 통곡하는 심정을 신문에라도 실을 수 있고, 함께 모여 상처를 어루만질 수는 있었으니⋯⋯.

슬프다 우리 대한 민족아. 대한이 어디로 갔는가. 이날을 어찌 잊을 것인가. 이날은 강적이 우리 대한을 죽인 날이라. 부모를 죽인 원수도 마땅히 갚거든 나라를 죽인 원수를 어찌 잊을 수 있을까? 슬프다 우리 고국의 동포들이여. 차라리 한구덩이에 검은 주검이 될지언정 나라 죽인 원수를 못 갚는단 말인가?

—《신한민보》, 1910. 10. 12.

샌프란시스코에서 대한인국민회가 발행한 신문에 실린 글입니다. 글의 제목은 '구한국이 사라짐을 통곡하며, 신한국 건설을 축원한다.'입니다.

글쓴이 이름을 확인하니 그리 유명한 분은 아니더군요. 이분의 글 속에도 가슴 저미는 아픔이 묻어 나옵니다.

그러면서도 이분은 마냥 슬퍼하지만 말고, 분노하고 복수를 결의하자고 호소합니다. 그리하여 국치의 그날이 새로운 한국 건설의 첫날이 될 수 있기를 천지신명께 축원한다고 글을 맺었습니다.

새로운 대한을 상상하다

《신한민보》는 미국에 있는 동포들끼리 소식을 나누고 서로 협력하며 발행하였던 신문인데, 국내는 물론 한인이 많이 머물던 간도와 연해주에도 배포되었어요.

미국에는 한인 단체가 여럿이었어요. 그중 안창호 등이 활동한 공립협회가 국권 회복 운동에 가장 적극적이었어요. 공립협회 회원들은 1907년 초 본격적인 활동을 위해 새로운 단체 건설에 나섰어요.

> 무릇 우리 대한인은 나라 안팎을 막론하고 통일 연합하며 독립과 자유를 지향할지니 이것이 신민회의 목표다. 다시 말하면, 오직 신정신을 불러 깨우쳐서 신단체를 조직한 후에 신국을 건설할 뿐이다. 우리가 인민을 새롭게 하지 않으면 누가 나라를 사랑하며, 인민이 새로워지지 않으면 누가 우리 대한을 지키겠는가.
>
> — 대한신민회 취지서(풀어 옮김), 1907.

이들은 먼저 미국에서 대한신민회를 조직한 뒤, 안창호 등이 귀국하여 신민회 국내 지부 건설을 추진합니다.

논의가 바로 결실을 맺지는 못했어요. 나라 밖에서 자유롭게 상상하고 해외의 동향을 더 신속하게 접하였던 터라, 해외에서 온 안창호 등과 국내 애국지사의 뜻이 마냥 같지 않았기 때문입니다. 그래서 제법 긴 토론 시간을 가져요.

미국에서 온 동포들은 망국의 위기에 빠진 가장 큰 원인을 전제 정치에서 찾았어요. 왕 한 사람이 모든 것을 결정하고, 양반과 상놈의 차별이 이토록 분명하니 국력을 모을 수 없다는 것이지요.

국내 애국지사들도 큰 틀에서는 같았어요. 다만, "공화제를 목표로 하자."라는 주장에는 바로 동의하지 못했어요. 그것은 왕을 없애자는 주장이니까요.

제법 긴 토론을 거친 뒤, 미국에서 온 안창호와 《대한매일신보》를 펴내던 양기탁 등 여러 그룹의 애국지사들이 신민회를 만들기로 합의하였지요. "스스로 혁신한 국민이 통일 연합하여 혁신된 자유 문명국을 건설할 것."을 목표로 삼았습니다.

완전한 합의는 아니었지만, 그 합의가 공화제였다고 해석한 사람이 많았어요. 특히 미국 동포들은 거의 그러하였고, 국내에서도 동의한 사람이 많았습니다. 그래서인지 일본 헌병대가 작성한 기밀 보고문서에도 "공화정체를 추구한다."라고 기록되어 있더라고요.

당시 미국에 있던 한인들은 "조약을 체결할 때의 그 황실 그 정부는 이미 한국이 아니"라거나 "융희 황제가 일본으로부터 작위를 받는다면 우리는 더 이상 그를 우리 군주로 인정할 수 없다."라면서 "일본에 투항한 정부를 대신하여, 인민의 정신을 대표하며 우리 인민의 복리를 도모할 새 정부를 세우겠다."라는 사람이 있었어요. 《신한민보》에서 발췌한 글입니다..

물론 신민회에 참가한 사람들 외에도 전제군주제 때문에 나라가 망할 지경이라고 생각한 이들은 많았어요.

나라는 백성으로 이루어지고, 임금은 백성이 있어 세워진 것이니 임금

> 이 나라를 다스릴 때는 백성과 함께 만든 헌법에 따라야지 위에서 억지로 강제해서는 안 된다. 그래서 입헌 정치를 하는 나라는 흥하고, 전제 정치 하는 나라치고 쇠퇴하지 않는 나라가 없다.
>
> — 헌정연구회 취지서, 1905.[2]

1905년에 이준 등이 만든 헌정연구회 취지서를 쉽게 풀어 쓴 것입니다. 군주제를 부정하지는 않되, 의회를 만들고 헌법에 따라 정치를 하자는 주장이지요.

입헌군주제로 나라를 개혁해야 한다는 데에 대해 대한자강회를 비롯한 여러 계몽 단체가 공감하였습니다. 나라 안에서 왕을 없애자는 주장을 펴기 쉽지는 않았겠지요. 더욱이 이 주장을 편 사람들 중에는 '인민이 아직은 어리석어 충분하게 교육한 후에야 공화제가 가능할 것'이라 생각한 이들도 많았어요. 그러나 공화제는 고사하고 입헌군주제조차 주장에 그쳤고, 대한제국은 결국 전제군주제 상태에서 역사 속으로 사라졌지요.

고종에게 망국의 책임을 물을 수 있을까요?

지금은 세상을 떠난 어떤 국회의원이 언젠가 "나라를 외적에게 빼앗겼으면, 나라를 책임졌던 자들이 자결이라도 해야 하지 않나?"라고 말한 적이 있어요. 대한제국을 실질적으로 이끌었던 고종의 책임을 언급한 것이지요.

고종의 후손이라는 이가 발끈해서는 고종이 마지막까지 나라를 빼앗기지 않으려고 노력하였다는 증거를 이것저것 들먹였어요. 을사조약에 반대하였다는 이야기, 미국이나 헤이그 만국평화회의에 특사를 파견하였다는 이야기, 의병에게 밀지를 내려 봉기를 유도한 이야기 등등. 고종에게 책임을 물을 수 없다는 것이지요.

그 주장에 동조하며 논란에 개입한 이들도 있었어요. "그게 누구 한 사람에게 책임을 물을 수 있는 일이냐."라거나, "나라가 망하였으면 그때 국민 모두의 책임인데, 굳이 지금에 와서 누구누구의 책임입네 하고 따져서 뭘 하겠다는 거냐." 등등.

이 논란에 대한 응답은 아니었지만, 대한제국 시대를 연구한 역사학자의 이야기를 일부 옮겨 볼까요.

> 황제 권력 강화가 곧 자주독립이란 명분 아래 황제의 의향에 따라 통치 권력과 재정권, 인사권이 행사되었다. 〈대한국 국제〉가 선포된 1899년 이후 1904년에 이르기까지 국정 개혁을 위한 상소나 건전한 비판이 그다지 등장하지 못한 원인도 여기서 찾을 수 있을 것이다. 황제권의 전횡을 비판하거나 정변을 일으킬 만한 개혁 세력은 대부분 투옥 또는 망명 상태였다.
>
> ― 도면회, 〈대한국 국제와 대한제국의 정치구조〉(논지를 요약한 것임)

이 역사학자는 이렇게 지적한 뒤, 입헌군주제로 개혁하자는 주장이 1904년 이후 꾸준하였지만, 고종은 퇴위당할 때까지 결코 자신의 권력을 양보한 적이 없다고 지적합니다. 그리고 일제가 을사조약을 강요하였을 때 대신들에게 결정을 미룬 일을 들면서, 모든 것을 자기 뜻대로 해 놓고 나라가 일제에 넘어가는 중요한 순간에는 '나 몰라라' 하는 태도가 결국 망국을 불러왔다고 비판합니다.

여러분의 의견은 어떤가요?

고종은 나라를 빼앗기지 않으려 노력했고, 을사조약 이후로는 빼앗긴 나라를 되찾기 위해 노력한 일은 다 사실입니다. 다만 고종의 선의와 성의를 인정한다 해서 이야기가 끝나는 것은 아니지요. 열심히 운전해도 길이 다르면 엉뚱한 곳으로 가니까요. 논쟁해야 할 지점은 열심히 했느냐가 아니라, 과연 방향이 옳았느냐는 것입니다.

그때는 사실 어떻게 해도 나라를 지키기 어려웠어요. 워낙 힘 있는 나라들이 남의 나라를 함부로 침략하였던 때였으니까요. 제국주의 시대, 야만의 시대였지요.

그러나 최선의 방안을 찾아서 최후까지 적들과 싸우다 졌을 경우와 그렇지 않은 경우는 다르겠지요. 의견이 달라도 서로 지향하는 목표가 같다면, 차이를 인정하고 존중하면서 함께 대안을 만들기 위해 노력해야지요.

그런데 실상 그 시대는 그렇지 못했어요. 〈대한국 국제〉를 다시 읽어 보세요. 전제군주제 아닙니까? 군주에게 반대하는 자는 비국민으로 간주한다고도 하였어요.

모든 것을 자기 뜻대로 하고, 다른 의견을 가진 사람은 자기에게 도전한다며 내쫓고, 결국 일이 잘못되었을 때는 온 국민이 함께 책임져야 한다면 잘못된 것이 아닐까요? 그래서 그 시기 많은 사람들이 입헌이니 공화니 운운한 것이 아니었을까요?

공화 만세! 민국을 상상하다

고종은 죽을 때까지 일본을 원망하였을 겁니다. 그리고 하루빨리 독립하기를 진심으로 소망하였을 것입니다. 그 자손들도 마찬가지고요. 그러나 그들 중 어느 누구도 적극적으로 싸우지는 않았어요. 물론 일본이 대한제국 황실을 철저히 관리하였겠지요. 먹고살기 충분할 만큼 뒷받침을 해 주고, 혹시라도 딴짓할까 봐 철저하게 감시하고, 혹시라도 눈 밖에 나면 경을 치겠다고 엄포도 하였겠지요. 그렇다 해도 그들이 모든 것을 내놓고 일제와 맞섰던 사람들 앞에서 떳떳할 수는 없지요.

을사조약 이후 많은 분들이 장렬하게 싸웠습니다. 스스로 목숨을 끊은 이에서부터, 단체를 만들어 계몽 활동을 벌인 이들, 의병을 조직하여 목숨을 아까워하지 않고 싸웠던 이들, 부모형제 재산까지 다 팔아서 독립운동의 새로운 근거지를 만들고자 국외로 떠났던 이들……. 이 많은 분들이 실로 다양한 방법으로 일제와 맞서고 있을 때, 황실은 예전의 영화를 누리며 그저 숨죽이고만 있었던 것입니다. 그러니 시간이 흐를수록 사람들의 마음속에서 황실은 점차 잊힐 수밖에요.

빼앗긴 나라를 되찾기 위해 일제와 싸우던 이들부터 새로운 국가 구상이 분명해집니다.

"국가는 황제의 것이 아니라 국민의 것이다."
"스스로 혁신한 국민이 통일 연합하여 혁신된 자유 문명국을 건설하자!"

점차 많은 사람들이 공화 정부를 세워야 외세에 맞설 수 있는 국민적 힘이 결집된다고 믿게 되었어요. 공화주의자가 된 것이지요.

그러던 어느 날, 꿈 같은 소식이 들려왔어요. 공화제를 염원하던 중국인들이 혁명을 일으켰고, 수천 년을 이어 온 군주제가 무너졌다는 것입니다. 드디어 민이 나라의 주인이 되는 공화국이 건설된 것입니다.

"중화민국(Republic of China)!"

참으로 듣기만 하여도 설레었을 것입니다.

당시 중국에 머물렀던 조성환은 들떠서 안창호에게 편지를 보냈지요.[3]

"4천 년을 이어 온 늙은 제국의 부패한 전제정치를 타파하고 세계 만방에 빛나는 공화정체를 건설하였습니다. 크게 피 흘리지도 않고 4개월 만에 온전히 성공을 거두었으니, 동서고금을 막론하고 이같이 영화롭고 신속하고 원만하게 성공한 일은 없을 것이오."

조성환은 중국의 이 같은 성공이 한국인의 꺼져 가는 혁명 사상을 다시 일으켜 머지않아 한반도에도 새로운 해와 달이 뜰 날이 올 것이라며 흥분하였지요.

신규식은 신해혁명 소식을 전해 듣고는 곧장 혁명 세력의 주요 활동 무대였던 상하이로 갔어요. 그는 혁명 단체에 적잖은 기부금을 낸 뒤, 이들을 도울 수 있는 방안을 찾아나섰어요. 그리고 혁명 지도자였던 쑨원과 황싱 등을 만났습니다.

중화민국의 탄생을 기념하는 포스터 청에서 군주제가 종식되고 공화국이 탄생하였다. 중국의 혁명 소식은 나라 안팎의 독립운동가들에게 새로운 혁명 열기를 불러일으켰고, 군주제가 아니라 민주공화제를 독립 이후 국가상으로 하는 데 큰 영향을 미쳤다.

 공화국을 이룩한 혁명 선배에 대한 감격이 앞섰고, 공화국이 된 중국과 연대하여 한국 독립의 가능성을 찾아보려는 노력이었지요. 앞으로 여러 차례 나올 유명한 독립지사, 김규식이나 조소앙 같은 이들도 다 이 무렵 중국으로 간 분들입니다.

 박상진도 그들 가운데 한 명이었어요. 1911년 혁명이 일어났을 때 그 역시 서울에 있었습니다. 그해 12월 29일 쑨원이 대총통에 선출되었다는 보도가 전해지고, 그의 사진이 서울의 중국인 상가에 걸렸을 때, 그 역시 가슴이 울렁거렸지요.

 이로부터 그는 신해혁명을 이끌었던 쑨원의 혁명 운동에 관심을 기울이고, 신해혁명의 전개 과정을 주의 깊게 살펴봅니다.

1913년 박상진도 중국으로 떠나 상하이를 거쳐 난징에 머물러 있던 쑨원을 만납니다. 그는 쑨원에게 동양의 항구적인 평화를 위해서는 조선의 독립이 절대적임을 설명한 뒤, 도움을 요청합니다. 쑨원은 애국심에 불타는 조선 청년에게 미제 권총 한 자루와 따뜻한 격려의 말을 건넵니다.

박상진은 주권이 일제에게 넘어가자, 판사를 그만둔 뒤 독립운동에 가담하였습니다. 그는 쑨원의 혁명 사상에 공감하고, 쑨원의 혁명 운동에서 많은 것을 배웠어요.

"자금을 마련하여 혁명 운동의 근거지를 만들고, 무기를 비축하고 독립군을 양성한 뒤, 무력 봉기를 통해 일제를 타도한다." 쑨원을 연구한 뒤 도달한 결론이었지요.

귀국한 박상진은 여러 동지와 함께 대한광복회를 만들었어요. 의병 운동에 참가하였던 분들, 그리고 계몽운동에 참가하였던 분들이 두루 함께했어요.[4]

우리는 대한의 독립을 위하여 우리 생명을 희생함은 물론, 우리가 일생동안 목적을 달성하지 못할 때는 자자손손이 계승하여 원수 일본을 완전히 몰아내고 국권을 회복할 때까지 절대 변하지 않고 적을 죽이기 위해 노력할 것을 천지신명 앞에 맹서합니다.

― 대한광복회 결의문, 1915.

살아서 그 뜻을 이루지 못한다면 후손이 그 일을 계속하도록 하겠다고 서약하였군요. 읽는 이조차 가슴이 먹먹해집니다. 빼앗긴 나라를 되찾아 민주공화제 국가를 세우려던 굳은 의지가 우리의 마음을 울리지 않습니까?

　대한광복회는 서슬퍼런 일제의 통치 아래서도, 100여 개의 거점을 두고 군자금을 모았으며, 애써 모은 돈을 나라 밖 독립군을 양성하는 데 보냈습니다. 그러나 박상진은 조직이 발각되는 바람에 일제에 체포되어 결국 처형되고 맙니다. 하지만 이분들의 귀한 뜻은 수많은 사람의 가슴속에 아로새겨졌습니다.

대동단결하여 임시정부를 수립하자

박상진이 대한광복회를 만들 즈음, 해외 독립운동은 위기를 맞았어요. 1914년에 제1차 세계대전이 일어나자 일본은 러시아, 중국과 함께 연합국 진영에 가담하였거든요. 일본은 러시아와 중국에 한국인의 항일 활동을 금지하라고 요구하였고, 그들도 이를 받아들입니다.

　결국 연해주와 간도에서 활동하던 분들은 새로운 근거지를 찾아야 했어요. 무장 독립군 조직은 고사하고 한인 자치 단체조차 활동하기 어려웠지요.

　그러나 전망이 보이지 않을 때일수록 자신이 처한 현실을 냉철히 투시하고, 새 길을 연 사람들이 나오기 마련이지요.

　1917년 상하이에서 신규식과 조소앙 등 여러 투사가 모였어요. 이분들은 여러 날 동안 토론에 토론을 거듭한 끝에 역사적인 문서를 하

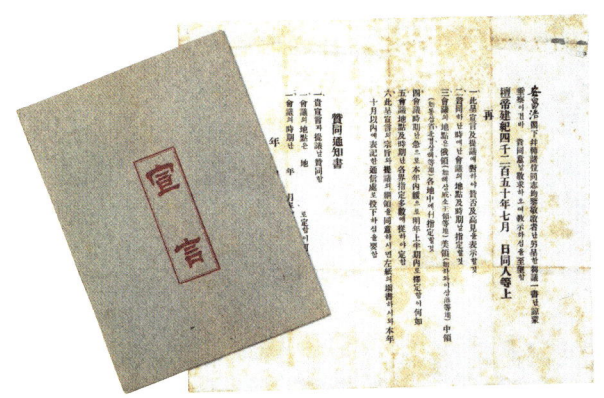

〈대동단결선언〉 제1차 세계대전이 끝날 무렵, 해외의 독립운동가들 사이에서 민주공화제를 지향하는 임시정부를 중심으로 독립운동의 대단결을 모색하려는 움직임이 일어났다. 조소앙 등이 기초한 〈대동단결선언〉은 주권은 황제가 아니라 국민에게 있다는 점을 분명히 밝히고, 국민의 합의를 바탕으로 새로운 국가를 구성하자는 제안을 담았다.

나 집필합니다. 조소앙이 기초한 글을 함께 읽어 볼까요.

> 융희 황제가 주권을 포기한 8월 29일은 즉 우리 동지들이 이를 계승한 8월 29일이니, 그 사이에 순간의 쉼도 없다. 우리 동지들은 주권을 완전히 상속하였으니, 황제권이 소멸한 때가 곧 민권이 발생하는 때요, 구한국 최후의 하루는 곧 신한국 최초의 하루다…… 그러므로 경술년 융희 황제의 주권 포기는 곧 우리 국민 동지들에 대한 묵시적 선위이니 우리 동지들은 당연히 주권을 계승하여 통치할 특권이 있고 또 대통을 상속할 의무가 있도다.
>
> —〈대동단결선언〉, 1917.

주권민유(主權民有), 민이 나라의 주인이니 이제 황제가 행사하던 주권을 국민이 직접 행사할 때가 되었다고 선언한 것입니다. 그들은 주인된 이들의 무한 책임을 거론하며, 단결된 인민의 힘으로 나라를 되찾자며 다음과 같은 방안을 제시합니다.

- 여러 곳의 단체들이 모두 모여 유일무이한 최고 기관을 만들자.
- 한곳에 본부를 두고, 한족을 통합하되 지역별로 지부를 두어 운영한다.
- 헌법에 준하는 규칙을 만들어 인민의 의지에 부합하는 방식으로 활동하자.

―〈대동단결선언〉

원래 이 글은 편지였어요. 두 사람 말고도 신채호나 박은식을 비롯한 열네 분이 함께 썼는데요, 나라 안팎에서 활동하던 독립운동가들에게 보내 회의를 요청하는 글이었다고 합니다.

워낙 비밀리에 보냈고, 대답도 비밀스럽게 오갔을 테니까 누가 편지를 받았고, 몇 명이 답장을 주었는지, 어떤 답이 오갔는지 알려지지는 않았어요.

그러나 이 글은 그 자체로 대단히 중요한 의미가 있어요. 인용한 부분을 다시 읽어 봅시다. 이런 뜻이 되지 않을까요?

"주권은 민족 고유의 것으로 침략자에게 넘겨질 수 없다.
황제가 주권을 포기하였으니 이제 인민이 주권자가 된다.
대동단결하여 인민이 주인인 민주공화제 임시정부를 만들자."

그렇습니다.

이 글은 중국에서 활동하던 독립운동 지도자들 사이에서 민주, 공화가 흔들릴 수 없는 대세로 자리 잡은 현실을 보여 주는 글입니다.

독립을 위해 모든 것을 내놓았던 분들이 나라를 되찾기 위해 싸우면서 진정 나라의 주인이 누구인지 다시 확인하고, 나라를 되찾기 위해 어떻게 싸워야 하는지 깨달으며, 그 깨달음을 바탕으로 모두를 위한 국가, 민주·공화의 나라를 상상한 것입니다.

5

3·1운동,
마침내 대한민국이 탄생하다

> 대한민국은 언제, 어떻게 탄생하였을까?

1917년 러시아 혁명
1918년 제1차 세계대전 종전
  이동휘 등 한인사회당 조직
1919년 1월 파리 강화 회의, 민족자결주의 확산
1919년 3월 3·1운동 발발
  3월 러시아에서 대한국민의회가 임시정부 수립 선포
  4월 상하이에서 임시의정원과 임시정부 구성
    서울에서 한성 정부 수립 선포
  5월 김규식, 파리 강화 회의에 독립청원서 제출
  6월 조소앙, 제네바 만국사회당 대회 참석

> 대한으로 망하였으니 대한으로 공화국을 이루고자 하니 민국이 옳겠습니다

오늘 우리는 조선이 독립국이며, 조선인이 자주적인 민족임을 선언한다. 이로써 세계 만국에 알리어 인류 평등의 대의를 분명히 하며, 자손만대에 깨우쳐 자주와 독립을 유지하는 올바른 민족의 권리를 영원히 누리도록 한다.

－〈독립선언서〉, 1919. 3. 1.

기미년 3월 1일 정오, 밀물같이 대한 독립 만세를 외치며 온 나라를 새로운 희망의 물결로 가득 채웠던 3·1운동 때 〈독립선언서〉 첫머리입니다.

유구한 역사와 전통에 빛나는 우리들 대한 국민은 기미 3·1운동으로 대한민국을 건립하여 세계에 선포한 위대한 독립정신을 계승하여 이제 민주 독립국가를 재건함에 있어서…….

－대한민국 헌법 전문(前文), 1948.

우리 헌법에는 대한민국을 1948년에 다시 세웠다는 인식이 담겼습니다. 대한민국의 출발점은 바로 1919년이었다는 것이지요.
기미 3·1운동에 드러난 국민의 주권의지를 바탕으로 임시정부와 의회를 세웠던 공화국으로서, 대한민국 역사의 출발점이 되는 1919년 이야기입니다.

주권민유를 선언한 3·1운동

3·1운동을 모르는 분은 아마 없을 거예요. 해마다 이날을 기념하여 공휴일로 삼고, 역사책은 물론 여러 교과서에서도 3·1운동을 다루니까요. 그런데 제가 지금 여러분에게 3·1운동에 대해 설명해 보라고 말하면, 얼마나 이야기할 수 있나요? 어떤 이야기를 할 건가요?

워낙 엄청난 일인 데다 하고많은 이들이 참가한 운동이지요. 그래서 이 운동을 어떻게 형상화하고, 의미를 부여할지가 간단치만은 않습니다. 오늘 그것을 함께하는 데서 이야기를 시작해 보렵니다.

3·1운동은 3월 1일에만 일어난 운동이 아니에요. 운동은 그날 시작되어, 무려 두 달 이상 이어졌으며, 서울은 물론 전국 거의 모든 곳에서 일어난 운동이지요.

33인의 민족 대표라 불리기도 하는 종교계만의 운동도 아니에요. 처음에는 이들이 중요한 역할을 하였지만, 다양한 계층이 운동에 참가하였으니까요. 시위 구속자의 직업 분포가 좋은 증거가 되겠지요.

그렇다고 온 민족이 3·1운동에 참가한 것도 아닙니다. 나라를 빼앗긴 왕과 왕을 도와서 호의호식하던 '높으신 분'들도 잘 먹고 잘산 만큼의 책임은 있을 것입니다. 그런데 그들 중에는 3·1운동을 반대하고, 심지어 일본의 탄압을 옹호하는 이도 여럿 있었지요.

"어차피 조선의 독립은 불가능하고, 설혹 독립해도 유지할 힘이 없다."
"옛날 왕조 때를 돌아봐라, 나라꼴이 어땠는지. 그런데 이제 질서도 잡히고, 법률만 지키면 누구나 생명과 재산을 보호받는 나라가 되지 않았나."

- 3·1운동 시위 구속자들의 직업 분포(왼쪽) 및 시기별 시위 분포(오른쪽)

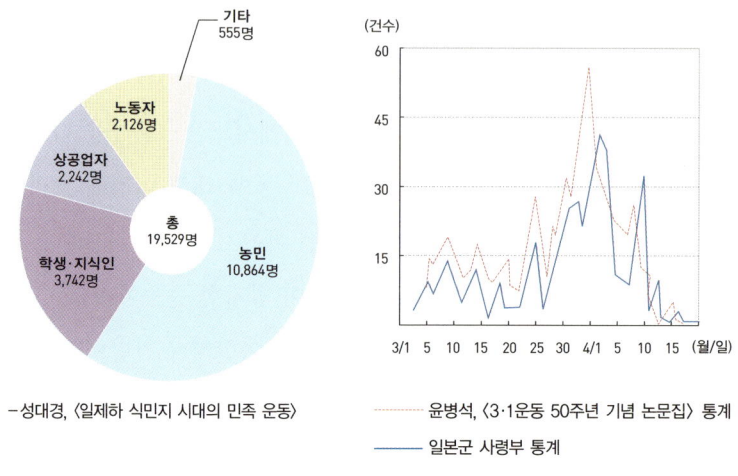

　여러 친일파가 3·1운동에 반대하였지만, 이완용이 뭐니 뭐니 해도 최고였어요. 그는 세 차례 '경고' 성명을 발표하였거든요. 고종의 세 아들 이름으로, 시위 참가자를 폭도로 규정하는 성명을 발표한 적도 있어요. 시위대를 욕하고 시위 중지를 요구하였더군요. 총독부가 꾸며 낸 짓인 듯한데, 황실에서 이를 부인한 자료는 아직 발견되지 않았어요.

　그러니까 3·1운동은 나라를 빼앗기기 전 한 번도 주인 대접을 받지 못하였던 이들이 거리로 쏟아져 나온 사건인 셈입니다. '왕이 빼앗긴 나라를 우리 힘으로 되찾자!' 이런 식이지요. 그러니 만세 시위, 독립운동은 다만 빼앗긴 나라를 되찾는 데 그치지 않고, 나라의 주인이 실제로 바뀌는 과정이라 할 수 있었어요.

임시정부 조직에 대한 이야기가 있다.

얼마 전 국민 대회를 열고, 임시정부를 조직하며 임시 대통령도 선거하였다고 한다.

안심하라. 안심하라.

머지않아 좋은 소식이 있을 것이다.

—《조선독립신문》 제2호, 1919. 3. 3.

3월 3일이면 3·1운동이 시작된 지 이틀 뒤군요. 그러니까 이 지하 신문을 만든 이들에 따른다면, 3·1운동을 준비한 사람들 중에는 처음부터 국민이 대표를 선출하여 민주공화제 임시정부를 세우려고 계획한 사람도 있었다는 뜻이지요.[1]

대한독립 만세, 공화 만세!

민족 대표 33인에 대해 들어 본 적 있죠?

3·1운동을 기획한 천도교와 기독교 인사들이 중심이었는데, 이분들은 3월 1일에 독립을 선언한 뒤, 우리 민족의 뜻을 일본 정부와 국제 사회에 알리는 정도에서 끝내려 했던 것 같아요. 그러니까 3·1운동이 일어나던 날 시위에도 참가하지 않았고, 스스로 체포되었지요.

1919년 3월을 다른 생각으로 맞은 사람들이 오히려 더 많았어요. 독립은 선언하고 청원한다고 얻어지는 것이 아니라고 생각한 사람들은 만세 시위에 더 관심을 기울였지요. 평화 시위 그 이상이 필요하다고 생각한 분들도 있었습니다. 다음은 독립 선언을 기점으로 대대적인 무장 투쟁을 벌이자는 선언서입니다.

> 우리 대한은 완전한 자주독립과 신성한 평등복리를 우리 자손만대에 전하기 위하여, 이민족 전제의 억압을 벗어던지고 대한의 주인인 인민의 자립을 선언한다…… 일어나라 독립군이여, 하나가 되자 독립군이여! 누구도 죽음을 피할 수 없는 것이니 살신성인하면 동포가 한 몸으로 부활할 것이니 일신을 어찌 아까워하겠는가…….
> ─〈대한독립선언서〉, 1919.

 무장 독립 투쟁을 촉구한 이 글은 3·1운동 직전에 간도에서 발표된 〈대한독립선언서〉의 일부입니다. 독립 선언을 전후하여 임시정부를 구성하려는 노력도 활발하였어요. 3·1운동 기간 동안 여러 곳에서 임시정부가 만들어졌는데, 서울에서 진행된 사례를 조금 말씀드릴게요.
 3월 초부터 앞에서 소개한 《조선독립신문》에 나온 일이 실제 진행되었어요. 이규갑, 홍진 등이 앞장서서 비밀 독립운동 본부를 만들고, 13도 대표자 회의를 준비하였어요. 물론 감시가 심하던 때라 그분들이 잘 알던 기호 지방, 기독교계 인사가 중심이 되었지요. 회의 참가자들은 임시정부 구성 방안을 매듭짓고 4월 23일, 서울에서 국민 대회를 열어 임시정부를 승인받으려는 계획을 세웠지요.
 드디어 약속하였던 날이 왔어요. 그날 주최 측에서는 "국민 대회", "공화 만세"라 쓴 깃발을 만들고, 국민 대회 취지서와 임시정부 선포문을 인쇄한 유인물을 여러 장 만들어 거리로 나갔어요.

그러나 일본 경찰이 대회를 허용할 리가 없지요. 사람들로 분주한 종로 거리에서 학생들이 깃발을 들고 달리고, 그 뒤를 따르는 학생들이 국민 대회 취지서와 임시정부 선포문을 뿌렸습니다.

4월 23일 하루는 서울 곳곳에서 이 같은 숨바꼭질 시위가 전개되었어요. 나라 이름을 대조선공화국이라 정하였던 한성 정부는 이렇게 탄생하였어요.

만세를 부르고 임시정부를 만들자는 생각에는 동의해도 여전히 군주제를 고수하는 이도 물론 있었어요. 그들 이야기도 들어 봐야겠지요?

대동단이란 단체가 있었어요. 이 단체는 3·1운동이 한창이던 3월 말, 고종의 아들인 의친왕 이강을 상하이로 데려가려는 계획을 세워요. 그곳에서 그를 황제로 추대하고, 황제를 중심으로 임시정부를 구성하려 한 것이지요.

이 계획은 성공하지 못하였고, 얼마 뒤 공화제를 지향하는 임시정부가 탄생하였지요. 그러나 대동단은 미루어진 계획을 재차 시도해요.

1919년 11월 9일, 그들은 이강을 변장시켜 서울을 출발합니다. 기차는 북으로 북으로 이동하였고, 이튿날 드디어 국경을 넘었어요. 그러나 만주 첫 번째 기차역에서 그만 일본 경찰에 발각되고 맙니다.

우리 집안은 5백년 동안 조선의 주인이었고, 이외의 조선인은 하인이나 손발 같은 관계다. 그들 2천만이 주인을 생각하여 싸우고 있는데, 주인이 모르는 체할 수 없다. 아버지(고종)는 일본인이 독살하였으니, 아버지의 원수를 갚지 않을 수 없다. 그래서 외국으로 나가 일을 도모하려 하였다.

— 대동단 사건 조사 기록[2]

경찰 조사를 받으면서 이강은 이렇게 진술하였더군요. 황실 사람들 중에서는 일본과 싸우려던 유일한 인물이지요. 그러나 그 역시 이 일이 끝이었어요. 일본의 거센 감시와 회유가 있었겠지만, 황실 인사들 중에서 더 이상 독립운동에 참가한 사람들은 없었어요. 그러니 공화제를 반대하고, 군주제로 돌아가자는 운동(복벽운동)도 역시 이로써 종언을 고할 수밖에 없었겠지요.

대한민국을 수립하다

대동단의 운동은 예외적인 사례였어요. 황실은 여전히 나라의 주인이라 생각하고, 조선 사람들 중에는 황실이 일본에 억울하게 당했다고 동정하는 이도 있었지만, 황실을 앞세워 독립운동을 하자거나 나라를 되찾은 뒤 옛 황실을 되살려야 한다고 주장한 사람은 진작부터 소수였어요. 특히 독립운동에 몸 바쳤던 이들은 민주공화제에 대한 신념이 두터웠습니다.

나라 밖에 독립 전쟁의 근거지를 만들겠다며 만주로 떠났던 신민회 회원들, 공화제를 지향하며 독립 전쟁을 준비하였던 대한광복회와 박상진, 민주공화제에 입각한 임시정부 구성을 토론하자던 신규식과 조소앙 등의 〈대동단결선언〉, 기억하시죠?

임시정부를 만들려는 노력은 1919년 4월 상하이에서 절정을 이루었어요. 3·1운동 직후부터 그곳에는 수많은 독립운동가가 모여들었습니다. 이들은 중국인을 포함하여 여러 외국인에게 한국의 독립 투쟁 소식을 전하고, 파리 강화 회의에 대표단을 파견하여 외교 활동을 벌였으며, 국내와 연결하면서 임시정부를 조직할 준비를 하였지요.

1919년 4월 10일부터 만 하루 동안은 대한민국 역사에서 기념비적인 날이었어요. 상하이에 망명하여 임시정부 수립을 준비하던 이들과 국내에서 나라 이름을 '신한민국'이라 명명하고 임시정부 구성을 꾀하던 경성독립단 본부 인사들이 머리를 맞댔어요.

그들은 밤샘 회의를 거쳐 지역별로 29명의 대표를 선출합니다. 그리고 자신들의 모임을 임시의정원으로 명명합니다. 의정원은 요즘 식으로 하면 국회쯤 되겠지요. 곧이어 의장과 부의장을 뽑은 뒤, 이들은 새로운 나라를 세우기 위한 첫걸음을 내딛습니다.

• **해외의 독립운동 지도**
3·1운동 시기 임시정부를 세우려는 노력은 여러 갈래로 이루어졌다. 연해주에서 가장 먼저 임시정부를 자처하고 나섰던 대한국민의회, 신한민국이란 이름을 내걸었던 경성독립단 본부와 상하이 망명인사를 중심으로 구성된 상하이 임시정부, 대조선공화국이란 이름을 내걸고 국민대회를 통해 임시정부를 세우려던 한성 정부 등이 대표적이다. 이들이 1919년 9월 대한민국 임시정부로 통합하여 상하이에 자리 잡았다.

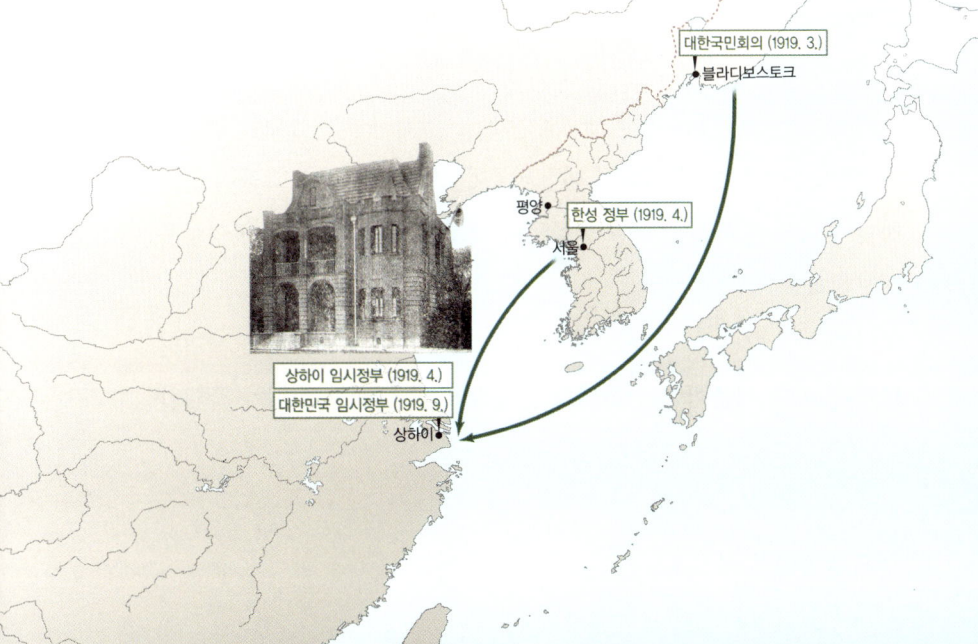

나라 이름을 정하는 데서부터 열띤 토론이 이루어졌어요. 민주공화제를 하자는 점에서 반대가 없었는데도 말입니다.

그 무렵 서울에서는 두 세력이 임시정부를 구성하려 애썼는데, 한성 정부라 불린 쪽은 대조선공화국으로, 경성독립단 본부 쪽에서는 신한민국으로 나라 이름을 정했다고 이야기하였지요? 이들 외에도 실체를 확인하기는 어렵지만 '조선민국 임시정부'나 '고려 임시정부'란 이름으로 만든 선전물도 배포되었어요.

"대한으로 망하였으니, 빼앗긴 나라를 되찾는다는 뜻에서 대한이 옳습니다. 그러나 우리는 제국으로 돌아가기보다 공화국을 이룩하고자 하니 민국이 옳겠습니다. 대한민국을 제안합니다."³

임시의정원 회의록을 읽고 재구성하였는데요, 대한민국이라는 나라 이름이 여기에서 결정되었습니다. 대한민국, 대한 공화국이란 뜻이지요. 이를 영어로 옮기면 'Republic of Tai Han' 정도가 되겠지요. 현재는 'Republic of Korea'라고 쓰지만, 대한제국은 Korea나 Corea가 아니라 Taihan으로 표기되길 원하였더군요.

어쨌거나 민국이 들어간 새로운 국호는 참가자들의 동의를 받았어요. 얼마 전까지 나라 이름이 대한제국이었던 점, 그리고 그들이 활동하던 중국에서 처음 성립된 공화국이 중화민국이었던 사실이 영향을 미쳤겠지요.

나라 이름을 정한 뒤, 새로운 연호를 결정하였어요. 이때는 서기니 단기니 하는 기준이 보편화되지 않았잖아요. 그래서 황제가 즉위할

임시정부 요인들(1921. 1. 1.) 첫째 줄 왼쪽 세 번째가 김구, 둘째 줄 왼쪽 여섯 번째가 이동휘, 그 옆이 이승만, 열한 번째가 안창호. 3·1운동 이후 주권은 국민에게 있다고 믿은 이들이, 국민의 대표자를 선출하고 대표로 구성된 임시의정원이 임시 헌법을 만들고 정부를 이끌 대표자를 추천하였다. 그것은 하나의 정부를 구성하는 차원이 아니라, 나라의 주인인 국민이 국가를 구성하는 과정이었다.

때마다 새로운 연호를 썼는데, 이제 민국이 건립되었으니 앞으로는 모든 시간의 기준을 민국이 세워진 뒤 몇 해째인지로 계산하자는 취지였습니다. 그러니까 1919년 4월 11일은 민국 원년 4월 11일이 되는 것입니다.

곧이어 임시정부를 이끌 지도자를 추천하고, 국가 운영의 기본 방침이 될 임시 헌법을 토론하였어요. 긴 토론 끝에 4월 11일, 드디어 역사적인 임시헌장이 선포됩니다.

신과 인간이 일치하고 나라 안팎이 호응하여 서울에서 의로운 깃발을 들어 올린 지 30여 일, 평화적인 독립 선언을 통해 300여 고을이 광복한 지금, 국민의 지지를 바탕으로 새롭게 조직한 임시정부는 자주독립을 우리 자손에게 영원히 누리도록 하기 위하여 임시의정원의 결의로 임시헌장을 선포한다.

— 대한민국 임시헌장 선포문

제1조 대한민국은 민주공화제로 함.
제2조 대한민국은 임시정부가 임시의정원의 결의에 의하야 통치함.
제3조 대한민국의 인민은 남녀 귀천 및 빈부의 계급이 없고 모두 평등함.
제4조 대한민국의 인민은 종교, 언론, 저작, 출판, 결사, 집회, 서신 교환, 주소 이전 및 신체와 소유의 자유를 가짐.
제5조 대한민국의 인민으로 공민 자격이 있는 자는 선거권과 피선거권을 가짐.
……

대한민국 원년 4월 11일
임시의정원 의장 이동녕
임시정부 국무총리 이승만
내무총장 안창호 외무총장 김규식 법무총장 이시영
재무총장 최재형 군무총장 이동휘 교통총장 문창범

— 대한민국 임시헌장, 1919. 4. 11.

4월 10일부터 있었던 일은 하나의 정부를 구성하는 것 그 이상이었습니다. 주권은 인민에게 있다고 믿은 이들이 인민의 대표자로 의정원을 구성하고, 의정원에서 정부 지도자를 추천한 뒤 함께 헌법을 만들었어요.

국가는 역사가 시작된 이후 늘 있어 왔던 그 무엇이 아니라, 이처럼 인민의 의지를 수임받은 이들에 의해 구성되는 것입니다. 그러니 1919년 4월 11일에 있었던 이 일은 단순히 임시정부가 구성된 것이 아니라, 대한민국이란 국가가 구성된 것이며, 그 국가에서 주권을 행사할 의회와 정부가 만들어진 것이지요.

헌법의 아버지 조소앙, 민주공화국의 시대를 열다

이때 임시헌장을 기초하고 토론을 조리 있게 이끌어 임시정부의 기초를 닦은 이가 조소앙이었어요. 이때 만들어진 국가를 대한민국 기원으로 삼는다면, 그리고 이때 헌법을 대한민국의 헌법의 기원으로 삼는다면, 그를 헌법의 아버지라 부를 수 있을 것입니다.[4]

조소앙은 일본에 유학하여 법학을 전공하였어요. 그런데 그가 학업을 끝냈을 때는 이미 주권이 일본에 넘어간 뒤였지요. 그는 조선에서 판검사로 출세하기보다는, 나라 밖으로 가서 독립운동에 힘을 쏟았지요.

〈대동단결선언〉, 〈대한독립선언서〉 생각나시죠? "주권은 영원히 사라지지 않는다. 황제권이 소멸된 날은 인민의 권리가 시작된 날이니……."라며 임시정부를 세우고 무장 투쟁을 벌이자던 그 글을 기초한 이도 바로 조소앙입니다.

그가 기초한 임시헌장을 다시 읽어 보기로 해요.

그는 주권이 국민에 있다고 믿었어요. 그래서 헌장의 머리글에 "…… 평화적인 독립 선언을 통해 300여 고을이 광복한 지금, 국민의 지지를 바탕으로……." 임시정부가 조직되었다고 말합니다. 대한제국 황제에게 권력을 넘겨받아서 역사적 정통성이 있다기보다 3·1운동에 참가한 국민의 열망을 조직하였으니 민주적인 정당성이 있다는 뜻이겠지요.

"대한민국은 민주공화제로 함."

임시헌장 제1조를 이렇게 시작하는 것이 적어도 그분들에게는 지극히 자연스러웠습니다.

망국 이전 헌법에서는 "대한국은 황제국이며, 만세불변의 전제 정치"라고 하였지요. 그런데 대한제국이 사라진 지 9년 만에 '제국'이 '민국'으로 다시 태어난 것입니다. 이제 황제의 신민은 사라지고, 인민이나 국민이 나라의 주인인 새로운 나라가 시작된 것입니다.

> 지금이야말로 내 생애에서 가장 보람된 순간입니다. 우리는 이제 군주제를 부활하려고 독립운동에 투신한 것이 아닙니다. 세계적인 추세에 따라, 우리나라에 민주제를 정착시켜야 한다는 사명감 속에서 회의를 진행하고 있는 것입니다.
>
> — 김석영, 《선구자 이동녕 일대기》[5]

새 나라 이름을 정하고, 임시헌장을 만드는 회의를 주관하면서, 의정원 의장 이동녕이 한 말입니다.

임시헌장을 다시 한 번 보세요. 그리고 〈대한국 국제〉와 비교해 보세요. 황제 나라의 헌법은 시종일관 황제는 어떤 권리를 가졌다는 식이고, 인민이나 국민의 권리는 단 한 줄도 없었어요.

그런데 민국의 헌법은 인민의 권리장전으로 구성되었어요. "대한민국 인민은 남녀 귀천 및 빈부의 계급이 없고 모두 평등하다."라고 규정한 뒤 이들이 "종교, 언론, 저작, 출판, 결사, 집회, 서신 교환, 주소 이전 및 신체와 소유의 자유를 가진다."라는 점을 선포하고, 이들에 의해 선출되는 국회와 정부가 국가를 운영한다고 말입니다.

임시정부 수립, 그것은 하나의 독립운동 단체가 만들어진 것 그 이상의 역사적인 사건이었어요. 그것은 바로 인민의 의지를 바탕으로 국가를 구성한다는 점을, 그래서 그 나라는 공화국이라 불린다는 점을 분명히 보여 준 역사의 중요한 전환점이었던 것입니다.

이제 나라의 주인은 더 이상 황제가 아니었습니다. 나라의 주인은 국민이며, 국가는 국민의 자유와 평등, 권리를 뒷받침하기 위해 존재한다는 것을 천명한 것입니다. 오늘 우리가 국민으로서 누리는 자유와 권리가 있다면, 그것은 아무것도 보장되지 않았던 시대와 싸우며, 새로운 시대를 만들기 위해 투쟁하였던 분들이 있었기에 가능하였던 것입니다.

6

혁명의 시대,
자유와 평등을 양 날개로 삼아

우리가 이해한 민주주의는 무엇이었을까?

1919년 9월 통합임시정부 탄생, 이승만 대통령, 이동휘 국무총리
11월 만주의 독립군 일부가 서로군정서와 북로군정서로 편성
김원봉 등 의열단 조직

1920년 1월 총독부 동아·조선일보 발행 허가
4월 《동아일보》 창간
조선노동공제회 결성
6월 《개벽》 창간
홍범도 등 봉오동 전투에서 큰 승리
7월 조만식 등 평양에서 조선물산장려회 설립
10월 독립군 연합부대가 청산리에서 일본군 크게 격파

1923년 1월 물산 장려 운동이 전국적으로 확산
3월 민립대학 설립 운동 본격화

1925년 조선공산당 창당
치안유지법 제정

민주주의를 지지한다.

민주주의는 국체나 정체를 가리키는 말에 그치지 않는다. 민주주의는 인간 삶의 가장 큰 원리이자 정신이니, 힘의 원리를 앞세우는 대신 모든 사람은 저마다 권리와 의무를 가진 존재로 여긴다. 국내 정치에 적용하면 자유를 숭상하려는, 국제 정치에 적용하면 평등한 연맹을 지향하려는 주의이며, 사회 생활에서 평등을 지향하며 경제 운영에서 노동 본위의 협조주의다…….

-《동아일보》 창간사, 1920. 4. 1.

1920년에 창간된 《동아일보》는 창간사를 통해 신문사가 나아갈 방향 셋 중의 하나로 "민주주의를 지지한다."라는 점을 내세웠더군요.

이 시기 창간된 대표적인 잡지는 《개벽》입니다. 이 잡지의 창간호에는 "'데모크라시'란 명사가 세계적인 보통 용어가 되어 놀라운 세력으로 온 세계를 활보하는 중"이라면서, 민주주의를 소개하는 글을 실었습니다.

민주주의! 이 말은 1920년대 식민지 조선에서 널리 유행하였습니다. 많은 사람이 이 말을 쓰고 이 말의 참뜻을 탐구하였으며, 이 말을 실천의 지침으로 삼았습니다.

1920년대를 살았던 분들과 함께 '민주주의'의 참뜻을 생각해 볼까요?

혁명의 시대

조금 느닷없을지 모르지만, 질문 하나 하겠습니다.

3·1운동이 일제의 야수적 탄압으로 잠잠해진 1920년, 이 시기 사람들은 3·1운동을 어떻게 생각하였을까요?

'처음부터 독립은 불가능하였고, 결과적으로 큰 피해를 낸 무모한 투쟁이었다.'라고 생각한 사람이 많았을까요? 아니면 '독립을 이루지는 못하였지만 소중하고 보람찬 일이었다. 새로운 투쟁의 디딤돌이 될 것이다.'라고 생각하는 사람이 많았을까요?

대답이 쉽지 않을 것입니다. 워낙 많은 사람이 죽거나 다쳤고, 감옥으로 끌려갔잖아요. 그런데 독립할 수 있다는 확신은 여전히 없었으니 "나랏일에 신경 쓰지 말고 어떻게든 네 한 몸 잘 건사하는 데나 신경 써!"라는 식의 집안 어른 이야기가 더 크게 들렸을 법도 해요. 그런데 그때로 돌아가서 실제로 어떤 일이 일어났는지 확인하다 보면, 의외로 간단히 대답할 수 있는 질문이었다는 걸 알 수 있어요.

지도 한 장, 도표 하나를 보려 하는데요. 먼저, 만주와 연해주에서 전개된 무장 독립운동의 양상을 보여 주는 지도를 볼까요. 이곳이 무장 독립군의 요람이 되어 무장 투쟁을 가장 활발하게 벌였던 때는 바로 3·1운동 직후입니다. 3·1운동이 무장 독립군 투쟁의 직접적인 계기가 되었다는 뜻이지요.

다음 도표도 한번 보시죠. 이 시기를 연구한 역사학자가 정리한 통계인데요. 3·1운동 직후 활동한 사회 운동 단체가 거의 폭발적으로 늘어나지 않았습니까? 사회 운동이 활발하였다던 을사조약 이후, 혹

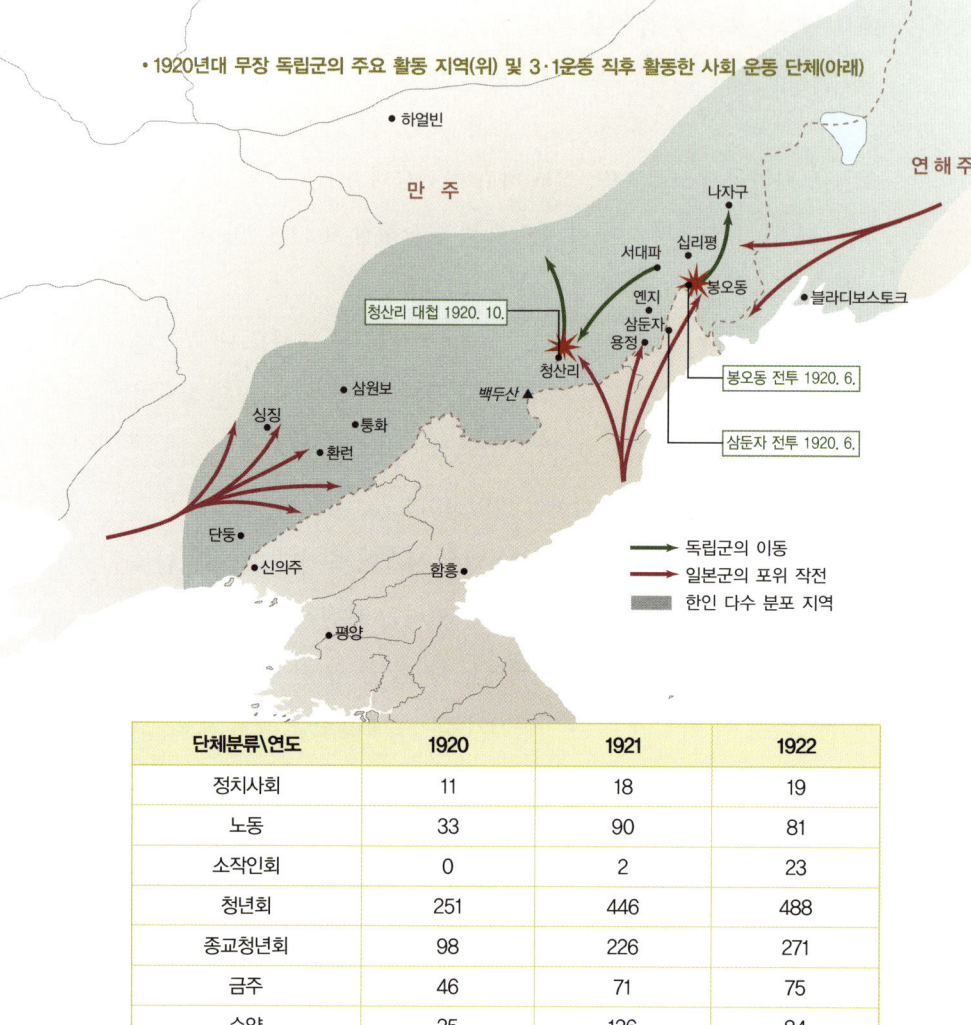

• 1920년대 무장 독립군의 주요 활동 지역(위) 및 3·1운동 직후 활동한 사회 운동 단체(아래)

단체분류\연도	1920	1921	1922
정치사회	11	18	19
노동	33	90	81
소작인회	0	2	23
청년회	251	446	488
종교청년회	98	226	271
금주	46	71	75
수양	25	126	84
사교	1	201	146
부인회	12	15	29
산업	83	189	195
교육	19	64	114

-박찬승, 《한국 근대 정치 사상사 연구》

은 독립협회가 활동하였던 1898년과 비교하면 그야말로 뽕나무밭이 푸른 바다로 변하였다 할 정도입니다.

지도와 도표가 가리키는 사실이 무엇일까요?

3·1운동을 실패로 간주하고 그 결과에 좌절하였다면 도저히 설명할 수 없는 사실 아닌가요? 오히려 일제와 싸우면서, 어쩌면 패배 속에서 더 치열하게 싸워야겠다고 다짐한 것은 아니었을까요?

밖에서 남의 일처럼 3·1운동을 본 사람들은 이 운동이 실패하였다고 생각했을지도 모릅니다. 그렇지만 운동에 참여하였던 사람들은, 야수적인 탄압에 굴복하지 않고 일제와 싸운 이들이 자신 말고도 수없이 많다는 것을 깨달았기 때문이 아닐까요?

아마, 그랬을 것입니다. 어느 누구도 3·1운동이 그토록 거대한 물결을 이루어 수십일 동안 전국에 휘몰아칠 것으로 예상하지 못하였습니다. 그리고 그 운동이 좌절된 이후에 또 그렇게 많은 사람들이 활발하게 새로운 운동을 전개할 것이라 생각하지 못하였을 것입니다.

그러나 그것이 현실이었고, 그 현실 속에서 사람들은 새로운 미래를 만들어 갈 용기와 자신감, 가능성을 발견하였던 것입니다. 그래서 저는 3·1운동이 우리 역사상 또 한 번 '혁명의 시대'를 열었다고 생각합니다.

민주주의라는 말을 알고 세계가 그 방향으로 나아가리라 믿은 혁명시대의 주역이 신지식층만은 아니었습니다. 다른 사람의 땅을 빌려 경작하던 배우지 못한 소작 농민들, 농촌에서조차 밀려나 부두나 광산, 공장에서 노동하던 이들처럼 각계각층이 스스로 깨어나 새 사회 건설의 주역이 되고자 한 것입니다.

"노동은 신성하고 일하는 자는 존귀하다."
"일하는 사람들이 단결하여 자신의 문제를 해결하자."

1920년 결성된 조선노동공제회 창립 취지서의 요지입니다.
이 단체 뿐 아니라 수많은 단체가 이렇게 생각했습니다.
각계각층의 평범한 사람들이 당당히 자기 목소리를 내고, 자주적으로 단결하여 현실에 맞섰습니다. 3·1운동에서 천명된 민족 자결, 민주공화국의 가치는 자발적으로 일어난 사람들 속으로 점차 스며들었습니다.
무장 독립운동이 새롭게 불붙던 1920년. 우리 역사상 처음으로 시민 사회가 폭발적으로 형성된 1920년! 3·1운동 직후는 민주, 공화의 적에 대한 투쟁이 새롭게 불붙었고 민주, 공화의 가치를 실천하기 위한 새로운 움직임이 본격화된 시기가 아닐까요?
그러니 새 시대를 개척하는 데 앞장서겠다는 신문과 잡지가 창간호부터 민주주의를 논하였을 것입니다.

민주주의를 상상하다

민주주의란 단어가 한여름 뜨거운 날씨처럼 온 천하를 횡행한다.
―《동아일보》, 1920. 4. 21.

역시 1920년에 발행된 《동아일보》에서 옮겼습니다. 많은 사람이

'민주주의 시대'가 왔다는 것을 직감하였으며, 민주주의를 우리 현실을 설명하는 언어로 만들려는 의지를 갖고 이 말을 썼기 때문일 것입니다. 그렇다면 당시에 사람들이 이해한 민주주의는 무엇이었을까요?

> 18세기 데모크라시는 상공자본 계급이 전통적 특권을 가진 제1계급, 제2계급에 맞서 계급적 해방을 요구한 운동으로서 제3계급의 경제적 권리를 발현시킨 것일 뿐 모든 계급의 보편적 자유와 권리를 인정하는 체제에는 미치지 못한 것이었다.
>
> ―《개벽》 창간호, 1920.

> 현대 민주주의는 일부 소수의 정치적 자유만을 보장하게 되는 근대 민주주의의 한계를 넘어서 구성원의 실질적 평등을 보장함으로써, 사회 구성원의 진정한 자유를 보장하는 원리이다.
>
> ―《동아일보》, 1920. 4. 2.

당시 잡지나 신문에서 민주주의에 관한 기사를 접하기는 참 쉽습니다.[1] 그만큼 민주주의라는 말이 유행하였기 때문이겠지요. 그리고 그 논조 역시 크게 다르지는 않아서, 위 글을 갖고 당시 사람들이 민주주의를 이해하였던 방식을 정리해도 그리 편벽되지는 않을 것입니다.

두 글 모두 민주주의를 보편적 자유와 권리 차원에서 접근하였군요. 18세기 데모크라시와 현대 민주주의를 구분한 뒤, 전자가 현대 민주주의에 기여한 바가 적지 않지만, 진정한 민주주의는 구성원의 실질적 평등을 보장할 때 실현된다는 뜻이겠지요.

민주주의란 말은 19세기 후반 우리 사회에 소개되었지요. 그런데 이 말이 막 소개되던 즈음에는 서양에서 민주 정치가 큰 폭으로 궤도를 수정하던 중이었어요.

시민 혁명 이후 자유주의 정치가 자리 잡았지만, 빈부 격차를 당연시하고 돈 있는 자들만의 자유를 옹호한다는 비판이 거세게 일어났거든요. 노동 운동이 활발하게 일어나 평등을 주장하고 나섰고, 자유주의를 비판하는 사회주의 운동도 활발해졌어요. 그래서 민주 정치의 모범 국가라 불리는 나라들에서 정치적 자유와 사회적 평등의 조화를 꾀하는 움직임이 대세를 형성합니다.

그래서 현대의 민주주의는 자유주의적 요소와 사회주의적 요소가 함께 들어 있어요. 정치적 자유를 여전히 지상의 가치로 여기지만, 평등을 제도화함으로써 자유가 모두의 것이 될 수 있도록 하는 정치를 지향하거든요. 지금 소개한 글에 쓰인 민주주의는 이 같은 사회를 가리키는 말이었지요.

상세히 소개하긴 어렵지만, 당시 쓰인 글 중에는 민주주의를 민족주의와 관련짓는 글이 제법 많다는 점도 흥미롭습니다. 민주주의를 국권민유·인민주권의 실현으로 파악하면, 국제사회에서 민족, 국가의 자결권 주장도 당연히 나오겠지요.

그래서 1920년 당시 식민지 조선에서 민주주의란 용어는,

'특권 계급이 사라져 모든 사람이 법 앞에서 평등하고 정치적 자유를 누리며,

힘 있는 자들의 자유만 앞세워 계층과 계층 사이, 민족과 민족 사이의

불평등을 만들지 않으며,

국제사회에서 모든 민족과 국가가, 국가 안에서 모든 구성원이 평등하게 자유로워질 수 있는 세상'

이라는 정도로 이해하였다고 볼 수 있어요. 그러니 민주주의란 말 속에는 전통적인 자유주의, 사회주의, 민족주의란 말이 뒤엉켜 있으며, 민주주의자는 전통적인 자유주의자일 수도, 민족주의자일 수도, 사회주의자일 수도 있었을 것입니다.

1920년 식민지 조선은 최소한의 정치적 자유도 없었어요. 경제적 권리나 사회적 평등이란 관념도 아직 낯설었지요. 그러니 민주주의란 말에 공감하였던 이들이 훗날 여러 갈래로 나뉘어 서로 협력하면서 한편으로는 대결하였어도 어쩌면 그것은 자연스러운 일이었을 것입니다.

《동아일보》……, 민주주의와 자본주의

거듭 《동아일보》를 인용했는데요. 그것은 《동아일보》가 특별히 민주적인 신문이어서가 아닙니다. 공정하게 그 시대의 민주주의에 대한 생각을 대표하였을 수도 있고, 어쩌면 민주주의보다는 자유주의적인 입장에서 민주주의를 설명하였는지도 몰라요. 이제 《동아일보》가 민주주의를 정의한 방식을 머릿속으로 그리면서, 《동아일보》를 만들던 이들에 대해서 좀 더 알아보지요.

이 신문을 창간한 김성수를 빼고 《동아일보》를 이야기할 수 없겠지요. 호남 대지주 집안 출신으로 일본에서 정규 대학을 졸업한 뒤 귀국해 다양한 사회 활동을 벌인 인물이지요. 김성수와 함께 유학을 떠났으며, "《동아일보》는 내 입이요 내 귀며 호흡하는 코요 손과 발"이라 하였던 송진우도 빼놓을 수 없지요.

김성수는 귀국 후 경성방직을 창건하여 조선 제조업계에 새로운 바람을 불러일으켰습니다. 그리고 송진우와 함께 중앙학교와 《동아일보》를 경영하였습니다. 두 사람을 중심으로 동경 유학파 출신 신지식층과 식민지 조선의 산업계, 교육계, 언론계 인사들이 하나의 네트워크를 형성하였어요. 이들을 《동아일보》 그룹이라 부를 수 있습니다.

이때가 바로 '혁명의 시대'였잖아요. 그러니까 3·1운동 이후 일제의 무단 통치가 후퇴하고, 그 결과 언론·출판·결사의 자유가 조금은 보장된 상황에서 '조선을 문화적으로 계발하겠다.'라고 내건 일제가 민주주의를 드러내 놓고 부정하지는 못하였어요.

《동아일보》 그룹은 이 공간을 가장 잘 활용하였어요. 그들은 다양한 분야에서 활동하며 식민지 사회의 새로운 주도 세력으로 떠올랐습니다.

> 유럽 역사를 보면 중세 봉건시대는 귀족·승려 계급이 사회의 중심 세력이었으나, 근세 입헌 정치는 상공 계급이 사회 중심이 되었다. 곧 귀족 계급은 권력과 존엄을 잃고 자본 계급이 이를 대신하여 권력과 존엄을 누린다.
>
> —《동아일보》, 1921. 5. 10.

그들은 비교적 정돈된 활동 목표와 계획을 가졌어요. 인용한 글은 그 한 사례가 되겠지요.

그들은 낡은 전통과 분명히 선을 긋습니다. 그러고 나서 민주주의와 자본주의란 새로운 개념으로 다가올 시대를 정의합니다. 김성수와 송진우가 3·1운동에 동참한 것처럼, 《동아일보》 그룹도 조선의 독립과 민주주의가 필요하다고 생각하였습니다. 또한 신분 차별과 유교 문화를 낡은 것으로 간주하고 개인의 자유와 독립을 강조합니다. 그들은 식민 통치야말로 민주주의와 자유를 가로막는 최대의 적이라 생각합니다. 그 연장선에서 양반, 관료가 아니라 상공 계급이 새로운 시대의 주역이 될 것이라고 이해합니다.

그런데 민주주의란 말을 본격적으로 사용하고 자유를 강조하였으나, 그들은 정치적 자유를 억압하는 식민지 권력에 정면으로 맞서지는 않았습니다.

"경제적 실력을 양성하자!"
"경제적 실력이 없다면 정치상의 권리를 요구한들 이루어질 수 없고, 설혹 정치상의 권리를 획득한다 해도 아무 소용이 없다."

선 실력 양성, 후 독립 투쟁!
'지금은 일제와 싸우기보다 민족적 힘을 결집하여 자본주의 근대화를 성취해야 할 때'라는 주장이지요. 일본과 경쟁할 수 있을 때까지는 개인이나 계층적 이익을 앞세우지 말고 기업의 경쟁력을 키우자는 주장이지요. 이 그룹이 가장 열정적으로 전개한 운동이 바로 물산 장려

운동이었지요. 기억나시죠?

"우리가 만들어서 우리가 쓰자!"

바로 이들이 이 유명한 구호 아래 1923년 전국적인 물산 장려 운동을 주도하였지요.

그런데 이 같은 실천은 자칫 실력을 기를 때까지 독립운동을 유보하자는 주장으로 해석될 여지가 많았어요. 민족적 단결을 이야기하지만, 실상은 가난한 자들의 희생 위에서 상공 계급의 이익을 추구한다는 우려도 있었고요.

정치적 자유와 민주주의를 제창하였으나 식민지 권력과 싸우지 않으며, 낡은 관습을 부정하고 개인의 자유를 강조하면서도 민족을 개인이나 계층의 이익에 앞세웠던 이들, 상공 계급의 주도권을 강조한 이들. 이런 그룹에 가장 어울리는 말은 무엇일까요? 민주주의자의 자유주의적 형태라 할 수 있을까요, 아니면 민주주의자이기보다는 식민지 자유주의자로서 오히려 민주주의와 반대쪽에 좀 더 가까웠다 할 수 있을까요?

민주주의의 두 날개

민주주의와 자유주의는 많은 부분을 공유합니다. 특히 1920년 식민지 조선처럼 이민족에 의한 군사 독재가 이루어지던 나라에서는 더욱 그렇지요. 제국주의를 꺾어야만 정치적 자유가 가능하고, 그래야만 또 사회적 평등으로 나아갈 수 있으며, 평등 정신을 바탕으로 민족적 단결을 이룰 수 있을 때 제대로 민주주의를 이룰 수 있기 때문입니다. 그래서 독립운동가들은 민족주의자이자 민주주의자들이며, 그들 중에는 사회주의자들과 자유주의자들이 두루 섞여 있었어요.

우리 역사 속에서 사회주의자들은 대부분 독립운동의 흐름 속에서 등장하였어요. 그래서 사회주의자라 하지만, 기본적으로 민주주의자이며, 자유주의 냄새가 물씬 풍기는 사람이 많았어요. 우리 역사상 처음으로 사회주의자를 자처한 이들의 이야기를 잠깐 살펴볼까요.

1918년 2월 러시아 하바롭스크에서 있었던 일입니다. 러시아 혁명을 주도하던 볼셰비키 인사가 한인 혁명가들에게 중요한 제안을 합니다.

"한인의 무장독립군 활동을 돕겠다. 그러니 한인들도 러시아 혁명을 지지하고 혁명 활동에 힘을 보태라!"

이 자리에는 양기탁, 이동휘, 이동녕 등 옛 신민회 출신으로 러시아와 만주에서 활동하던 독립운동가들이 대거 모였어요. 사람들은 열띤 토론을 벌였습니다.

양기탁이나 이동녕 등은 고개를 저었어요. "도움은 받을 수 있지만, 그들과 한편이 되어 러시아 혁명을 위해 싸울 수는 없다."라는 이유였습니다.

"독립군 기지 건설을 외친 지 10년, 우리가 이룬 것은 무엇인가?"
"러시아의 도움을 받자. 먼저 무장 독립군을 키우고, 러시아 혁명의 성공을 위해 힘을 보태면서 또 우리의 독립을 이루기 위해 싸우자."

이동휘는 제안을 받아들이자고 주장합니다. 그는 무장 투쟁을 통해서만 독립을 이룰 수 있다고 믿었어요. 그런데 도움을 기대할 수 있는 나라는 러시아밖에 없다고 생각하였지요.

이동휘는 제안을 받아들이고 한인을 조직하여 사회주의 단체를 만들었습니다. 여러 사람이 사회주의자를 자처하며 그 뒤를 따랐지요.

1920년에 국내에서 처음 사회주의 강령을 받아들인 이들도 비슷하였어요. 훗날 상하이파 공산당의 원조라 할 수 있는 김철수, 장덕수 같은 이들인데, 이들의 활동을 추적하다 보면, 국어학자 주시경이 중심이었던 '배달모듬'이라는 민족주의 단체를 만나게 됩니다. 한인사회당처럼, 국어를 연구하고 보급하던 민족주의자들이 일제와 싸우기 위한 전략을 탐색하다가 사회주의를 만난 것이지요.[2]

민주주의라는 말이 유행하던 1920년 무렵, 사회주의라는 말도 빠르게 확산되고 사회주의자를 자처한 단체도 하나둘 만들어졌습니다. 이들이 나라 밖의 사회주의 운동과 관련을 맺고, 또 한편에서는 활발해지던 농민·노동 운동에 참가하면서 사회주의 운동은 빠르게 확장되었어요.

사회주의는 계급 차별을 폐지하고 평등 사회를 실현하자는 사상이나 운동을 가리킵니다. 지주나 자본가와 싸워 권리를 신장하면서, 종국적으로 혁명을 통해 사유 재산이 없는 사회를 실현하려 합니다. 그러나 식민지 조선의 사회주의자들이 목표로 삼고 실천한 내용은 많이 달랐어요.

> 당면한 투쟁의 목적은 일본 제국주의 압박에서 조선을 절대로 해방함에 있고, 당면한 정치적 요구는 아래와 같다.
> 1. 민주공화국을 건설하되 국가의 최고 및 일체 권력은 국민으로부터 조직한 직접, 비밀, 보통 및 평등의 선거로 성립한 입법부에 있을……
>
> ─조선공산당 강령, 1925.

사회주의자들의 총본부를 자처한 조선공산당의 활동 방향을 제시한 글인데요. 그들이 합의하여 선언한 당면 목표를 다시 읽어 보시죠.

공산당이니까 자본주의 사회를 무너뜨려 공산 국가를 만들려 했나요?

그렇지 않았습니다. 이들은 독립을 최우선 목표로 두었어요. 독립을 쟁취한 뒤에도 사회주의 국가를 세우는 것이 아니라, 선거를 통해 민주공화국을 구성하겠다고 합니다.

식민지 조선의 사회주의자들은 사회적 평등이 정치적 자유를 쟁취한 바탕 위에서 성취될 수 있다고 생각했지요. 그래서 조선 독립을 쟁취하기 위해서 열심히 싸웠어요.

그들은 조선 사람이 3·1운동 때보다 더 강력하게 싸워야 일제를 몰아낼 수 있다고 생각하였어요. 이를 위해서는 국제 연대도 필요하고 나라 밖에 독립군 기지도 만들어야겠지만, 무엇보다 중요한 것은 국민 대다수를 이루는 농민과 노동자가 단결하는 것이라고 생각하였습니다.

그래서 농민과 노동자 속으로 들어가, 그들과 함께 생활하며 농민·노동 단체를 만드는 데 주력하였지요. 지주나 자본가와 맞서 싸우는 소작농과 노동자 들과 함께하고, 이들이 누릴 수 있는 권리를 깨우쳐 주고 항일 의지를 고취하였지요.

그런데 사회주의자들이 소작 쟁의와 노동 쟁의에 가담하는 것을 보면서, 이를 걱정하는 사람들도 적지 않았어요. 못된 지주나 자본가, 나아가 일제 경찰이라면 거들떠볼 필요도 없겠지만, 민족의 장래를 걱정하고 정치적 자유를 쟁취하기 위해 애쓴 분들이 그랬다면 그 이유를 들어 봐야 하겠지요.

그들은 사회주의자들이 계층 간 분열을 가져올지 모른다고 걱정하였어요. 개인의 권리와 평등도 중요하지만, 일제에 맞서기 위한 민족적 단결이 더 중요하다는 것이지요.

"일본인 지주, 일본 기업을 대상으로만 싸워야 한다."
"독립을 제1목표로 한다면 민족의 실력을 기르고 애국심을 고취하는 활동이 먼저다."

교육과 문화 활동을 통하여 항일 의식을 고취하고 민족의 실력을 양성하기 위한 활동을 강조하였던 이들. 이들은 자신을 사회주의자와 구별지어 민족주의자라 불렀어요. 이들은 사회주의자들을 걱정스러운 눈으로 바라보면서, 때로는 연대하고 때로는 경쟁하면서 민족 운동을 펼쳐 나갔습니다.

치안유지법, 민주주의의 왼쪽 날개를 자르다

> 좌경파가 대두, 활약하게 됨에 따라 민족 운동은 점차 그 세력을 잃게 되어 청장년을 중심으로 한 단체는 다 좌경 단체에 가맹하였다. 따라서 경성의 민족주의 단체로서는 조선교육협회, 조선물산장려회 등 한두 개에 지나지 않아서 민족 운동에 대해서는 일고의 가치도 없는 상태에 이르렀다.
>
> — 경기도 경찰부 보고서, 1925. 5.[3]

역사학자들 중에는 이 평가가 다소 과장되었다고 보는 이도 있습니다. 그래도 1925년 무렵에는 항일 운동에서 사회주의자들의 활약이 두드러진 것은 사실입니다. 특히 청년층, 농민·노동 운동 진영에서 사회주의자들의 비중이 매우 높았어요.

일제는 조선인 사회주의자들에 의해 항일 운동이 더 거세질까 두려워 하였습니다. 하지만 사회주의자들이 농민, 노동자와 함께 단체를 만들고 그들의 권리를 위해 싸우는 것 자체를 탄압할 수는 없었어요. 그들이 입버릇처럼 '일본인, 조선인 똑같이 대접하겠다'고 떠들었으니, 결사의 자유 자체를 부정하기는 어려웠던 것이지요.

그래서 그들은 묘안을 생각해 냅니다.

"그들은 민주주의자나 민족주의자가 아니라 '사회주의자'다."

라는 딱지를 붙이겠다는 것입니다.

제1차 조선공산당 사건 재판 기사 (《조선일보》, 1925. 11. 27.) 1925년 4월 17일 결성된 조선공산당은 그해 11월 주요 인사들이 대거 체포되면서 사실상 붕괴되었다. 1920년대의 사회주의자들은 대부분 독립을 쟁취한 뒤 선거를 통해 민주공화국을 세우는 것을 운동 목표로 삼았다.

일제는 진작부터 혁명 이후 러시아 상황을 왜곡해 알리고 사회주의를 비난하였어요. 러시아 혁명 시기 총독부에서 펴낸 신문에서 대문짝만 한 기사 제목만 옮겨 봅니다.

'인류를 내몰아 짐승으로 만드는 과격파의 부인 국유'
'십칠 세부터 삼십이 세까지의 젊은 부인은 전부 국유로 한다'

―《매일신보》, 1919. 5. 3.

제목 아래 실린 기사를 읽어 보니 차마 옮기기도 민망할 정도라 이

쯤 해 둡니다.

총독부는 기관지인 《매일신보》를 통해 이 따위 기사를 '부자 밥 먹듯이' 실었습니다. 혁명이 가져온 폭력과 질서의 파괴, 굶주림과 생활고, 도덕적 타락 등을 대대적으로 강조하였어요.

그리고 사유 재산의 폐지와 폭력, 성적 타락 등에 이야기 초점을 맞추어 사회주의는 과격한 혁명 사상이며, '인류 사회를 멸망의 길로 이끄는 무서운 전염병과 같다.'라는 느낌을 주려 했지요.[4]

그 목적이 무엇이었겠어요?

혁명을 일으킨 러시아 사회주의자들은 자본주의를 타도하고, 제국주의의 해외 침략을 반대하였어요. 빈부 격차가 없고 평등한 사회를 꿈꾸던 이들, 제국주의의 침략에 맞서던 약소국 민중은 당연히 사회주의에 관심을 가졌겠지요. 일제가 혁명 이후 러시아를 이처럼 치졸하게 비난한 이유는 그런 관심을 아예 봉쇄하고 나아가 사회주의에 반대하는 세력을 결집하는 데 있었지요.

그렇게만 된다면, 그들로서는 생각하지 않았던 소득을 얻을 수 있었습니다. 사회주의자가 아니라 정치적 자유와 민주주의를 내걸고 싸우는 사람들까지 처벌하는 데 적합한 분위기를 만들 수 있는 것입니다. 무슨 말이냐고요? 민주주의자에게 "당신 빨갱이지?" 하며 몰아붙일 수 있다는 뜻입니다.

일제의 사회주의자 탄압은 과연 놀라울 정도였습니다. 1925년에 일제가 만든 치안유지법을 볼까요.

제1조 국체를 변혁하거나 사유 재산 제도를 부인할 목적으로 결사를

조직하거나 사정을 알고도 이에 가입한 자는 10년 이하의 징역 또는 금고에 처한다.

제2조 전조 제1항의 목적으로 이의 실행에 협의한 자는 7년 이하의 징역 또는 금고에 처한다.

이 법은 천황제에 반대하는 사람과 사회주의자를 대상으로 하는 특별법이었어요. 살상이나 파괴, 내란 같은 범죄를 처벌할 법이 이미 있는데도, 이 법은 특히 사회주의자를 가혹하게 탄압하기 위해 만들었습니다.

똑같은 일을 하였다 해도, 이 법의 적용을 받는 순간 처벌 수위는 훨씬 높아지지요. 단지 처벌만 가혹한 게 아니었어요. 조항을 찬찬히 되읽을수록 황당할 것입니다. '머릿속에 들어 있는 생각, 마음 한켠에 자리 잡은 양심의 한 자락'조차 처벌할 수 있는 것입니다.

누구에게나 결사의 자유가 있지요. 일본 경찰도 이를 부정하지는 않았어요. 그런데 일본 경찰이 어떤 단체를 못마땅하게 여긴다면, 곧바로 '네 머릿속에 사회주의 사상이 들어 있다는 거 다 알아.'라며 처벌할 수 있는 법이었단 말입니다.

치안유지법을 위반하여 체포된 사람은 '이것은 결사의 자유이며, 나는 사회주의자가 아니라 민주주의를 소망하는 평범한 시민일 뿐'이라며 항변하겠지요.

그러나 그가 항변할 수 있는 시간은 짧았어요. 유감스럽게도 식민지 조선에서는 고문이 공공연하게 이루어졌고, 고문을 통해 얻어진 진술을 합법적인 증거로 채택하였거든요.

그래도 여전히 많은 사람들이 사회주의에 관심을 기울이고, 사회주의자가 되어 항일 운동을 벌였어요. 그럴수록 일제는 그들을 더욱 가혹하게 처벌하였어요. 그 결과 식민지 조선에서는 '한 번 사회주의자로 찍히면 평생 제구실하고 살 수 없다.'라는 두려움 같은 것도 생겨났어요. 그래서 민주주의를 열망하는 이들조차 사회주의, 평등이란 말은 조심해서 써야 할 단어로 생각하기 시작합니다.

새는 두 날개로 난다는 말이 있지요?

1920년대 사람들이 이해한 민주주의의 두 날개는 정치적 자유와 사회적 평등이었습니다. 사람들은 두 날개가 만들어 내는 다양한 몸짓만큼이나 다양한 형태의 민주주의를 상상하였어요. 자유주의적인 경향 안에서도 다양한 탐색이 이루어졌고, 사회주의적 경향 안에서도 여러 갈래의 탐색이 이루어졌지요. 그러한 탐색들 속에서 조선의 실정에 어울리는 민주주의, 조선적 민주주의에 대한 상상도 구체화되었습니다.

그러나 일제는 그 상상조차 가혹하게 탄압하였어요. 그 결과 민주주의의 한쪽 날개가 심하게 손상되고 말았어요. 그만큼 민주주의에 대한 우리의 상상력도 제한되었을 것입니다.

식민지가 낳은 또 다른 비극입니다.

7

민주공화국, 식민지 너머의 꿈

독립운동가들은 어떤 국가를 상상하였을까?

1929년	세계 경제 대공황 시작
1930년	이동녕, 안창호, 조소앙 등 한국독립당 설립
1931년	신간회 해체
	우가키 조선 총독 취임, 조선 공업화 정책 본격화
	일본의 만주 침략(만주사변)
1932년	이봉창, 윤봉길 의거
1933년	물산 장려 운동이 다시 불붙음
	과학대중화 운동 전개
1934년	공장법 제정 논란 전개
1936년	황국신민화 정책이 본격화됨
1937년	중일전쟁, 이후 일제의 국가총동원체제 실시
1940년	광공업 비중이 40퍼센트를 넘고, 중공업 비중이 경공업 능가
1941년	임시정부, 건국 강령 제정

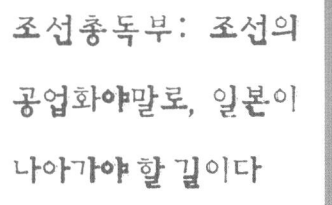

"조선에도 공장법을 실시해야 합니다. 조선인 노동자들의 노동 시간이 너무 길고, 노동 조건에 대한 최소한의 규정도 없어요. 어린이나 여성 노동자에 대한 최소한의 보호도 없고요."

"반대합니다. 조선 공업은 걸음마 단계예요. 노동자의 기술도 낮고요. 이 법은 노동자 생활을 보장하는 효과보다 공장 경영을 어렵게 할 것입니다. 공업이 어느 정도 발달할 때까지 공장법을 제정하지 말아야 합니다."

1934년 조선 총독부 내부에서 진행된 공장법 제정 논란을 요약하였습니다. 공장법은 요즘으로 치면 근로기준법에 해당하는데, 놀랍게도 식민지 조선에서는 최소한의 노동자 보호 장치조차 없었더군요.

당시 일본도 그랬을까요? 그렇지는 않았어요. 일본에서는 1898년부터 공장법 논의가 시작되면서 법률 초안이 만들어졌어요. 우여곡절 끝에 법이 제정된 때는 1911년이고요. 1919년 국제 노동 기구가 설립되어 '8시간 노동', '여성과 어린이 노동 보호'를 명문화하는데, 일본도 이를 점차 수용하였습니다.

나라가 있느냐 없느냐, 나라가 민주적이냐 아니냐에 따라, 그 나라 국민이 누리는 자유와 권리가 달라진다는 분명한 증거가 아닐까요?

나라가 없다는 것

1931년에 우가키 가즈시게가 새로운 조선 총독이 됩니다. 때마침 세계가 경제 공황으로 휘청거렸고, 일본 역시 심각한 경기 침체를 겪고 있었지요. 그는 '조선 공업화'라는 야심찬 프로젝트를 내밀었어요.

"조선에서 공업을 일으켜야 한다. 일본은 정교한 기술이 필요한 공업을 중심으로 만주를 농업지대, 원료 공급지대로 만들면서, 조선에서는 일본에서 경쟁력이 떨어지기 시작한 공업 분야를 대거 옮겨 심는다. 조선의 공업화야말로, 일본이 나아가야 할 길이다."

어려운 말과 복잡한 계획이 뒷받침된 '조선 공업화 정책'의 요지입니다.

이로부터 총독부는 1930년대 들어 적극적으로 일본 자본을 조선에 유치하였습니다. 제법 많은 일본 기업이 조선에 투자하고, 조선에는 하루가 다르게 대규모 공장이 들어섰지요.

변화는 빠르게 이루어졌고, 그 결과도 상당했다고 해요. 1930년부터 1938년까지 광공업의 연평균 성장률은 13.9퍼센트였는데, 이것은 한국 경제가 급격히 팽창하던 1960년대의 최고치보다 높은 수치입니다.

그러니까 부가가치를 기준으로 할 때 국내총생산에서 광공업이 차지하는 비중도 크게 늘어났겠지요. 1930년에 19.8퍼센트에서 1940년에는 39.6퍼센트에 이르렀어요. 그만큼 농림 수산업의 비중은 줄어들었겠지요. 게다가 다음 그래프에 나타난 사실은 또 어떻습니까?

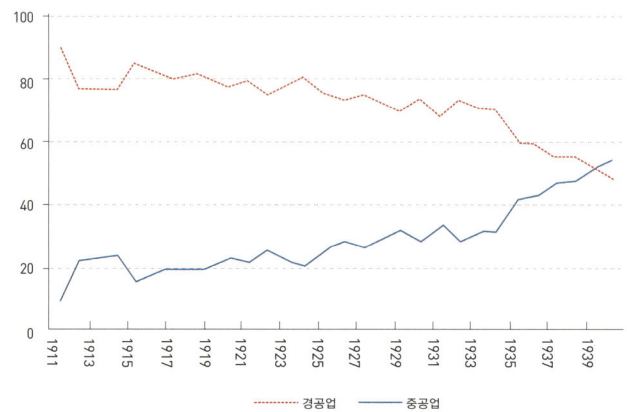

- 허수열, 《개발 없는 개발》

1939년에는 중화학 공업 생산액의 비중이 경공업 생산 비중을 넘어섰군요. 통계 수치로만 본다면, 1940년을 전후하여 조선은 완연한 공업국가라 할 수 있겠어요.

그래서 그때 총독부 관리나 일부 경제학자 들은 "조선에서 산업 혁명이 일어나고 있다!"라고 흥분하였답니다. 요즘 한국의 일부 경제학자들도 이 수치를 긍정적으로 보면서, 이른바 식민지 근대화론을 주장합니다.

그런데 당시 조선 기업인이나 학자 들이 총독부의 주장에 모두 공감하지는 않은 듯해요.

"조선 경제는 발전하는데, 조선인이 없다."

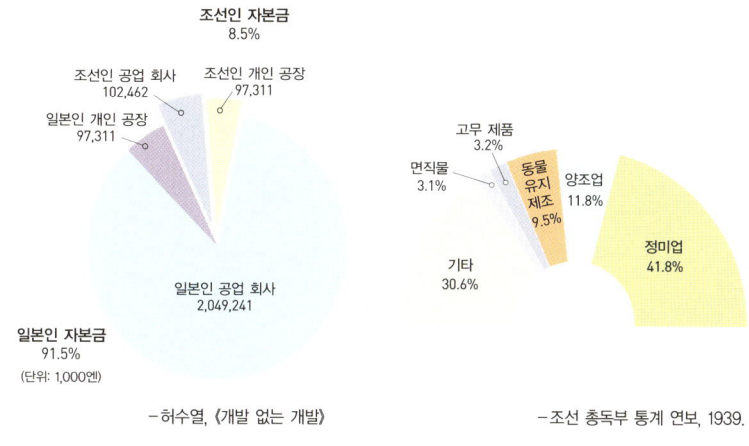

• 1941년 공업 부문의 민족별 자산 추계(왼쪽) 및 조선인 공장 공업 상위 5개 업종과 그 현황(오른쪽)

─ 허수열, 《개발 없는 개발》   ─ 조선 총독부 통계 연보, 1939.

"아니, 없는 것이 아니라 조선 경제의 발전이 조선인 경제를 총체적 위기로 몰아넣고 있다."

일부 대기업을 제외하고 조선인 자본가들은 대부분 총독부의 계획에 대해 상당한 우려를 표합니다. 총독부는 조선 경제를 살리겠다고 주장하였지만, 경쟁력을 갖춘 대규모 일본인 자본이 들어오면, 조선인 자본가들은 설자리를 잃게 된다는 이유였지요. 자본이나 자원의 배분이 왜곡되고, 시장에서 공정하게 경쟁하기 어려워진다는 것입니다.

위 자료를 한번 볼까요.

조선 공업에서 조선인 자본이 차지하는 비율은 겨우 8.5퍼센트로군요. 근대적 공업은 거의 일본 자본에 의해 이루어졌고, 조선인 자본가 중 근대적 산업 분야의 대공장을 경영한 경우는 손꼽을 정도였고, 대부분 양조장이나 정미소를 운영하는 데 그쳤어요.

일본 자본의 등쌀에 조선인 자본이 근대적 공업에 진출하기가 어려웠고, 일본인이 투자하지 않는 틈새시장에서만 겨우 명맥을 유지하였다는 것이지요. 총독부가 추진한 공업화는 이 같은 상황에서 시작되었고, 이 같은 상황은 갈수록 악화되었다는 점을 놓치지 말아야 할 것입니다.

문제는 식민지 자본주의, 대안은 민주주의

그래도 "공업이 발전하니까 일자리는 많아졌을 테지요."라고 할 수도 있겠군요. 그렇습니다. 대공장이 들어서니까 공장 노동자들이 늘어났으니 전체적으로 보면 노동자 수도 적지 않게 늘어난 것은 사실입니다.

그런데 오른쪽 도표를 한번 보시죠. 1933년 총독부 통계를 바탕으로 재정리한 것입니다.

세상에!

전체 공장의 60퍼센트 이상이 하루 12시간 이상 일을 하였고, 노동자의 약 60퍼센트가 하루 12시간 이상 일을 하였군요. 그런데도 불구하고 조선인 노동자의 임금은 같은 공장에서 일하는 일본인 노동자 임금의 절반이었고, 게다가 여성 노동자의 임금은 남성의 절반 정도밖에 받지 못하였다고 합니다.

물론 "조선인 노동자만 그랬던 것은 아니다. 저임금과 장시간 노동은 산업 혁명 초기에는 어느 나라에서나 있었고, 경제가 발달하면서

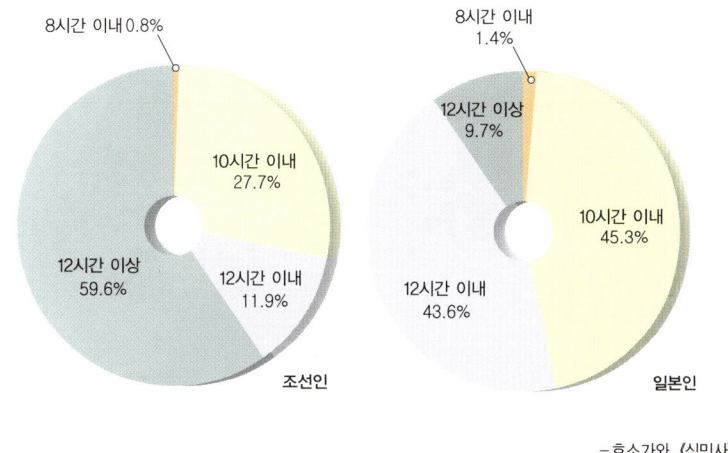

• 조·일 노동자 노동 시간 비교

조선인: 8시간 이내 0.8%, 10시간 이내 27.7%, 12시간 이내 11.9%, 12시간 이상 59.6%

일본인: 8시간 이내 1.4%, 10시간 이내 45.3%, 12시간 이내 43.6%, 12시간 이상 9.7%

- 호소가와, 《식민사》

나아졌다."라고 주장하는 이도 있어요. 과연 이 말을 여기에 적용할 수 있을까요?

"조선인 노동자는 임금이 싸다. 그런데 일은 웬만큼 잘한다."
"조선에는 최소한의 노동자 보호법조차 없다. 공장 주인이 그냥 시키면 된다."
"노동조합? 파업? 까부는 노동자나 뒤에 숨어서 조종하는 사회주의자들은 경찰에 맡겨라. 치안유지법이 있지 않나."

총독부는 이 같은 논리를 내세워 일본인 자본가들에게 조선 투자를 권유하였습니다.

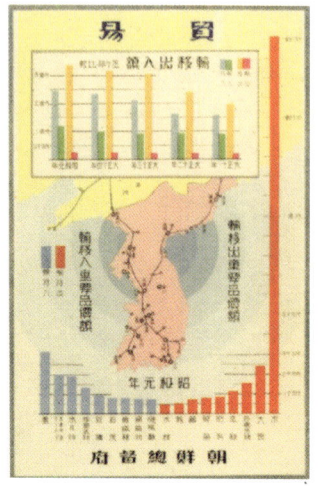 

조선 총독부의 업적을 홍보하는 엽서 조선 총독부는 조선인 없는 조선 공업화 추진에 열을 올렸다. 그리고 조선 총독부의 통치 업적을 선전하기 위해 지도와 통계 그래프를 넣은 기념 엽서를 만들었다. 높이 치솟은 그래프의 이면에는 저임금 장시간 노동에 시달리는 조선인 노동자들과 일본 자본의 틈바구니에서 설 자리를 잃은 조선 자본이 있었다.

그러니까 조선 공업화는 일본의 조선인 노동자에 대한 무한 착취를 전제로 시작되었던 것입니다. 조선인 노동자가 겪던 저임금, 장시간 노동은 어느 나라에나 있는 보편적이고 일시적인 현상이 아니라, 식민지에서 발생할 수 있는 구조적인 문제였습니다. 게다가 1930년대 초는 세계적인 경제 공황을 돌파하기 위해 식민지 수탈을 강화하려던 때였고, 1930년대 말부터는 침략 전쟁을 위해 전시 경제를 운영하였습니다. 그러니까 식민지 상황 중에서도 더욱 심각하게 왜곡된 상황이라 할 수 있겠지요.

조선 공업화 정책을 시작한 것은 총독부였고, 정책의 방향을 결정한 것도 총독부였으며, 변화가 뜻대로 이루어지도록 여러 수단을 동원하여 그 뜻을 관철해 나간 것도 총독부였습니다. 그리고 그 정책은 일본 자본주의 상태를 감안하여 수립되어, 일본 자본주의의 활로를 개척하려는 목적으로 진행되었습니다. 조선 경제는 일본 자본주의의 일부였던 것입니다.

이런 딱딱한 이야기를 하는 가장 큰 이유는 바로 "그러니까 결국 정치가 문제다."라는 점을 이야기하고 싶어서입니다. 경제 살리기를 결정하는 것도, 누구의 경제를 어떻게 살릴지를 결정하는 것도 정치의 역할입니다. 그 역할을 조선 총독부가 하였으니, 조선 경제는 성장하는데 조선인 기업은 몰락하고 조선인 노동자들의 삶은 나락에서 허우적거린 것입니다.

'조선인 본위 경제 건설!'

이 같은 목표는 정치를 민주적으로 재구성할 때라야 비로소 생각할 수 있는 일입니다. 조선의 독립, 나아가 독립국가를 민주적으로 구성하고 국민이 참여하는 국민 경제를 설계할 때 조선인 본위의 경제 건설이 가능한 것입니다.

독립을 꿈꾼다는 것은?

기업을 경영하는 이들이나 농민, 노동자 모두 독립과 민주주의를 소망하였을 것입니다. 경제, 사회와 관련된 정책을 결정하는 것이 정치인데, 식민지 조선은 일본인 총독 한 사람이 모든 것을 결정하는 군사 독재였으니까요. 그래서 조선인은 자신의 삶을 억압하는 정치에 맞서 저마다의 방식으로 싸웠을 것입니다.

"조선인이 단결하여 조선인 경제를 일으키자."
"회사 규모도 키우고, 과학기술 연구소를 만들어 경쟁력을 키우자."
"조선인 경제를 살리자고 호소하고, 질 좋고 값싼 물건을 소개하는 소비 사업도 벌이자."

총독부가 일본 경제 살리기 정책을 펴던 1930년대, 서울의 자본가들은 경성공업협회를 설립하고 언론·문화계 인사들과 손잡고 물산 장려 운동을 대대적으로 전개하였어요. 독립국가라면 국가가 '경제 살리기' 정책으로 할 법한 일을 민족 운동 차원에서 풀어 가려는 노력이었지요.

참가자들은 총독부의 정책 변경을 요구하기도 하고, 생산과 유통 및 과학기술 개발과 관련된 여러 차원의 운동을 벌였어요.

발명학회를 이끌던 김용관도 합류하였습니다.

"결국은 기술이다."
"발명을 권장하고, 산업기술을 일으켜서 기업의 경쟁력을 높여야 한다."

김용관은 이렇게 생각하고, 기술 개발과 과학 발전을 물산 장려 운동 차원에서 실천하였지요.

조선의 자본가들이 단결하고 문화·지식계가 협력하면서, 조선인은 총독부 정책의 문제점을 분명히 인식하고, '조선 경제'와 구별되는 '조선인 경제'를 또렷하게 인식할 수 있었어요.

'민족 경제'란 무엇인지, 경제 정책의 기본 방향은 어떠해야 하는지, 식민지하에서 왜곡된 경제 구조를 개혁하려면 어떤 정책을 펴야 하는지 생각할 수 있게 된 것입니다. 그것이 독립 이후 민족 경제를 건설할 수 있는 구상으로 이어지겠지요.

그러나 자본가들보다 더 딱한 사람들이 있었지요. 식민지 조선에는 수확의 50퍼센트 이상을 소작료로 부담하였던 소작농이 전체 농민의 70퍼센트에 육박하였어요. 노동자들 역시 처지는 농민과 매한가지였어요. 또한 나아질 전망도 보이지 않았습니다.

"소작권을 안정시켜라!"
"해고와 임금 삭감을 반대한다!"

그들은 노동 조건이 더 약화되지 않도록 싸웠습니다. 농민들은 소작 쟁의를 벌이며 저항하였고, 많은 도시에서 노동자들은 파업으로 맞섰어요. 치열한 싸움은 수시로 경찰 개입을 불러왔고, 많은 곳에서 패배로 끝났어요.

그 투쟁 속에서 농민이나 노동자 들은 점차 자신들이 처한 상황을 분명히 인식할 수 있었지요. 문제는 권력을 일제가 독점한다는 데서 빚어진다는 것을. 민주적인 독립국가를 건설할 수 있다면 국가가 국민의 대다수인 농민과 노동자를 위해 마땅히 보장해야 할 권리가 무엇인가를 깨달을 수 있게 되었다는 것이지요.

"지주제를 폐지하라! 토지를 경작하는 농민에게로!"

"8시간 노동제를 실시하라!"

"여성과 어린이 노동을 보호하라!"

뜬금없는 이야기가 아닙니다. "토지를 평균하여 분작하자." 하던 동학농민혁명이 실패하지 않았다면, 자유주의 혁명을 통해 민주공화제가 온전하게 실천될 수 있었다면, 진작 현실이 되었을 것입니다.

나라마다 조금씩 다르지만, 유럽에서는 시민 혁명이나 자유주의 개혁 과정에서 농노제를 폐지하고 토지 개혁을 실시하였어요. 산업 혁명 무렵에는 공장법을 제정하여 노동 조건의 악화를 막았고, 노동자의 단결권과 정치 참여를 보장하는 제도도 만들었어요. 현대 복지 정책의 단초는 이미 19세기 후반에 거의 꼴을 갖추었습니다.

민권과 민생을 혁명의 기본 방향으로 하였던 중국의 신해혁명을 생각해 보세요. 그리고 일본에서 진작부터 공장법이 시행되었던 상황도 생각해 보세요. 조선인 본위 경제, 일하는 이들을 위한 정책이 이상 속의 이야기가 아니라 세계 곳곳에서 현실화되었던 것입니다. 다만 조선은 식민지였으니까, 식민지는 가혹한 외래 침략자가 군사 독재에 가까운 방식으로 통치하였으니, 조선인들은 기본적인 권리조차 누리지 못하였던 것입니다.

균등 사회를 꿈꾸다

독립을 꿈꾼다는 것은 식민지 자본주의에서 조선인이 겪는 고통을 끝내고, 조선인 본위의 경제를 건설하여 조선인 모두의 삶을 개선할 수 있는 세상을 꿈꾼다는 뜻일 것입니다. 그래서 독립운동은 곧 독립을 이룬 뒤 건설할 국가의 모습을 기획하는 과정이기도 하였습니다.

> 보통 선거 제도를 실시하여 정치에 참여할 권리를 고르게 하며, 국유 제도를 채택하여 경제적 권리를 고르게 하며, 국가가 교육비를 부담하여 배울 수 있는 권리를 고르게 한다. 국외에 대하여는 민족 자결의 권리를 보장하여 민족과 민족 국가와 국가의 불평등을 고친다. 이와 같이 하여 국내에 실현하면 특권 계급이 사라지고, 소수 민족이 몰락하지 않도록 하며, 정치, 경제, 교육은 물론하고 그 권리를 고르게 하여 높고 낮음이 없도록 한다.
>
> — 대한민국 임시정부 선언, 1931. 4.

일제가 조선 공업화를 밀어붙이던 시절, 독립운동가들의 국가 구상을 보여 주는 글입니다. 글을 기초한 이는 조소앙이지만, 그것이 그의 뜻만은 아니겠지요.

조소앙은 앞에서도 나온 인물입니다. 기억나시죠? 주권불멸, 국권민유를 천명한 〈대동단결선언〉을 기초하였고, 대한민국 임시정부의 첫 헌법을 기초한 인물.

조소앙은 당시에는 보기 드물게 다양한 사회를 경험하였습니다. 일본에 유학하였고, 2년 동안 서유럽의 자본주의 국가들과 사회주의 혁명 이후 러시아를 체험하였습니다. 오랫동안 중국에서 활동하며 삼민주의를 추구하는 중국 국민당과 사회주의를 추구하는 중국 공산당의 활동을 지켜보았습니다.

그는 독립을 가장 우선시하였습니다. 일제와 싸우기 위해서는 민족적 대단결이 절실하며, 사회주의 혁명을 논할 때가 아니라고 생각하였습니다. 사회주의 자체에 대해서도 회의적이었지요. 그러나 자본주의나 자유주의가 곧 민주주의라고 생각하지도 않았습니다. 미국과 프랑스 같은 나라는 여전히 돈이 많은 이들과 많이 배운 이들의 독재가 이루어진다는 것입니다.

그는 사회주의자들이 치열한 항일 투사란 점을 인정하였으며, 사회주의자들의 주장 가운데 받아들일 내용이 많다는 점도 인정하였습니다. 그러나 자산 계급 독재를 무너뜨리고 평등 사회를 실현한다던 사회주의 러시아에서 무산자 독재란 이름으로 정치적 자유가 소멸되고 있음을 준열하게 지적합니다.

다음은 1930년에 조소앙이 이동녕, 안창호 등과 함께 한국독립당을 창당해 활동 목표를 정리한 글입니다.

> 혁명적 수단으로 원수 일본의 모든 침탈 세력을 박멸하여 국토의 주권을 완전 광복하고 정치, 경제, 교육의 균등을 기초로 한 신민주국을 건설하여 안으로 국민 모두의 균등 생활을 확보하며 밖으로 민족과 민족, 국가와 국가의 평등을 실현하고 나아가 세계가 한집안이 되기를 지향함.
>
> ─ 한국독립당 당의, 1930. 1.

조소앙과 그의 동지들은 일제를 물리친 뒤 세울 독립국가는 신민주국이 되어야 한다고 주장합니다.

신민주국에서는 정치적 자유를 무조건 보장합니다. 그러나 투표권이 있어도 먹고살기 힘들어 투표장에 갈 여유가 없다거나, 출마한 사람이 누구인지도 모를 만큼 배울 기회를 갖지 못하였다면 그 자유는 껍데기에 불과합니다. 그래서 신민주국에서는 정치적 평등은 물론 경제와 교육의 균등이 필수적이라고 생각하였습니다. 국가는 마땅히 이 세 가지 권리가 균등하게 배분되도록 적극적인 역할을 해야 한다는 것이지요.

> 신민주라 함은 민중을 우롱하는 '자본주의 데모크라시'도 아니며 무산자 독재를 표방하는 '사회주의 데모크라시'도 아니다. 더 말할 것도 없이 범한민족을 지반으로 하고 범한국 국민을 단위로 한 전민적 데모크라시다.
>
> — 한국독립당 당의 해석[1]

그렇습니다. 자유와 평등을 함께 지향하는 균등 사회, 누구도 배제되지 않는 전민적 민주주의, 조소앙은 이것을 신민주주의라 불렀고, 대한민국 임시정부는 그것을 '조선적 민주주의'로 명명하였습니다.

대한민국의 설계도를 만들다

1930년대 중국에서 독립운동을 하던 이들이 모두 한국독립당 소속은 아니었습니다. 그리고 독립운동 이론가로 조소앙만 있었던 것은 더욱 아닐 것입니다. 애써 분류한다면, 한국독립당이나 조소앙은 독립운동 진영 중 우파에 속하였습니다. 중국에도 좌파 독립운동 단체가 있었다는 뜻이며, 만주나 미국에는 또 다른 독립운동 세력이 존재하였지요.

그런데 이 시기 중국에서 활동하였던 독립운동가들이 꿈꾼 국가 구상은 서로 매우 닮았습니다. 두 가지 이유 때문일 것입니다. 조소앙이 사상과 이념의 차이를 뛰어넘는 민족 대단결을 이루기 위해 여러 세력의 주장 가운데서 공약수를 찾으려 애썼고, 나아가 그 시기에는 좌파든 우파든 모두 항일 투쟁을 최우선에 두고 상대편 주장에 귀 기울이려 하였기 때문이지요.

1941년 11월, 대한민국 임시정부는 건국 강령을 제정합니다. 대한민국의 역사적 유래와 건국 정신을 확인한 뒤, 이를 바탕으로 나라를 되찾고 새로운 나라를 만드는 과정에서 제기될 여러 문제를 정리한 문서이지요. 이 건국 강령은 그 첫머리에 이렇게 적었습니다.

> 우리나라의 건국 정신은 삼균 제도에 역사적 근거를 두었으니…… 사회 각층 각 계급이 지력과 권력과 부력을 고루 누릴 수 있도록 하여 나라를 발전시키고 사회를 태평하게 한다.
>
> — 대한민국 임시정부 건국 강령

정치, 경제, 교육의 균등을 통해 개인과 개인, 민족과 민족, 국가와 국가 사이의 균등을 꾀하자는 1931년 선언의 정신, 삼균 제도를 건국 정신의 지위로 설정한 것이지요.

임시정부는 이 정신을 바탕으로 해외 독립운동의 대통합을 시도하였고, 많은 독립운동 세력이 이 정신을 부정하지 않습니다.

이때 제정된 건국 강령 3장에는 삼균 제도에 입각한 정책 방향이 구체적으로 제시되었습니다. 그중 일부를 간략히 소개하겠습니다.

3. 헌법상 인민의 권리는 다음 원칙에 의거하여 보장한다.

가 노동권, 휴식권, 피구제권, 피보험권, 무상 교육을 받을 권리, 참정권, 선거권, 피선거권, 파면권, 입법권과 각 사회 조직에 가입하는 권리가 있음.

나 여성은 경제와 국가와 문화와 사회 생활상 남자와 평등하다.

라 만 18세 이상 남녀는 선거권을 가지며…… 만 23세 이상 남녀는 피선거권을 갖는다.

바 적에 부화한 자와 독립운동을 방해한 자…… 는 선거권과 피선거권을 주지 않는다.

5. 헌법상 경제 체제는 국민 각개의 균등 생활을 확보하고 민족 전체의 발전 및 국가를 건립하고 지키는 데 기여하도록 하되 다음 기본 원칙에 의하여 경제 정책을 시행한다.

가 대생산 기관과 토지와 광산, 수리 시설, 교통 운수, 전기, 금융은 국유로 하고, 소규모 혹은 중등 기업은 사영으로 한다.

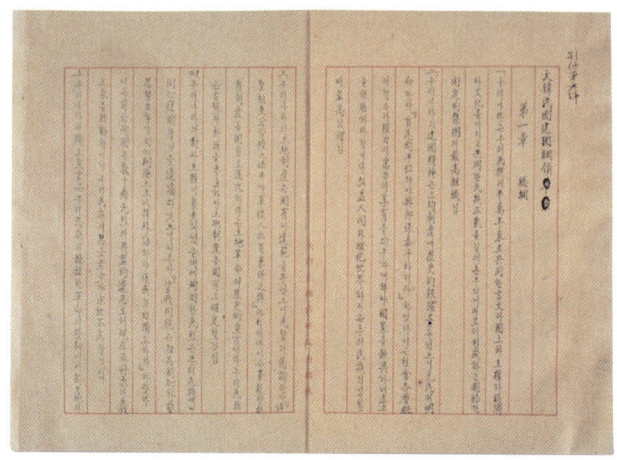

건국 강령 1941년 11월 공포된 임시정부의 건국 원칙을 담은 문서다. 임시정부가 좌우파의 주장을 두루 반영하였고, 좌우파 모두 독립을 달성한 이후 민주공화국을 세우자는 데 큰 이견이 없었기 때문에, 건국 강령은 당시 독립운동 세력의 건국 구상을 대표한다 해도 지나치지 않다.

나   일제가 만들어 운영하였거나 일본인이 소유한 기업과 재산, 민족 반역자가 소유한 자본과 재산은 몰수하여 국유로 한다.

다   몰수한 재산은 국가나 집단 생산 기관으로 넘겨 가난한 노동자나 농민을 보살피는 데 쓴다.

      ……

바   여성과 어린이 노동을 보호하고, 불합리한 노동 조건을 개선한다.

사   노동자와 농민이 무상 의료를 널리 시행하고, 질병 소멸과 건강 보장을 힘써 행한다.

아   토지는 농사짓는 사람에게 나누어 주는 것을 원칙으로 한다.

― 대한민국 임시정부 건국 강령 제3장 '건국'

그렇습니다.

독립을 꿈꾸며 싸우던 이들은 독립 뒤 세울 나라의 설계도를 만들어 가졌습니다. 그 설계도에는 국가를 어떻게 구성할 것인지, 국민이 반드시 누려야 할 권리는 무엇인지, 이를 위해 국가는 국민에게 무엇을 해야 하는지를 상세하게 담았습니다.

'국민이 국가를 위해 무엇을 해야 할까?'

총독부 관리, 일제의 침략 정책에 동조하라며 '황국신민화'를 주장하던 친일파의 관심사는 이런 식이었습니다.

그러나 독립운동을 하던 이들은 '국가는 국민에게 무엇이어야 하는가?'라는 차원에서 새로운 국가 설계도를 만들었고, 국민을 위해 존재하는 국민의 국가를 만들기 위해 싸웠습니다.

8

선거를 통해
민주공화국을 세우자

해방, 국가를 어떻게 구성할 것인가?

1937년   중일전쟁 발발
1939년   경성콤그룹 결성
1940년   한국광복군 조직
1941년   12월 태평양 전쟁 발발
             임시정부, 대일 선전포고
1942년   조선독립동맹 조직
             조선 의용군 결성
1943년   카이로 회담
1944년   여운형 건국동맹 결성
             임시정부 대통합 주석 김구, 부주석 김규식 선출
1945년   8월 일본 항복과 조선의 해방
             여운형과 안재홍 등 조선건국준비위원회 설립
             소련군 38도선 이북으로 진주
             9월 38도선을 경계로 미·소 분할 점령 공식 발표
             건국준비위원회 조선인민공화국으로 개편
             38도선 이남에 미군 진주 시작

일제를 물리친 뒤, 선거를 통해
민주공화국을 만들자!
악질적인 민족 반역자만 빼고,
누구나 참여할 수 있는 나라를
만들자!

2차 대전이 끝나고, 우리 조선에도 해방이 왔다…… 우리는 36년간 해방을 위해 투쟁하였다. 자유 발전을 향한 우리의 운동과 투쟁은 제국주의 및 그와 결탁한 반동적 반민주주의 세력에 의해 완강히 거부되어 왔다. 전후 처리를 위한 국제 합의에 따라 조선은 일제의 속박에서 벗어나게 되었다. 그러나 조선 민족 해방은 이제 겨우 첫걸음을 내걷는 데 불과하다…… 완전 독립과 진보적 민주주의 확립을 위해 노력하자.

-건국준비위원회 선언, 1945. 8. 17.

1945년 8월 15일, 꿈에도 그리던 해방이 왔습니다.

세계 정세를 읽으며 건국 준비를 서둘렀던 여운형과 안재홍은 바로 그날 건국준비위원회를 만들었고, 이튿날부터 활발하게 건국 준비 활동을 벌였습니다.

그러나 그들도 예견하였듯이, 이 활동은 또 다른 투쟁의 시작이었고, 목적지는 멀고도 험난하였지요. 해방이 곧 독립은 아니었던 것입니다.

우리에게 해방은 어떤 의미였을까요? 해방이 곧 독립은 아니었던 이유는 무엇이었으며, 민주주의의 원칙에 따라 새로운 나라를 세우려면 어떻게 해야 하였을까요?

암흑의 세월?

1937년 중일전쟁이 시작되었어요. 일본이 중국을 전면적으로 침략하자, 중국인들의 국민적 저항도 시작되었습니다. 식민지 조선의 내일을 걱정하던 이들은 숨죽이며 전쟁 상황을 지켜보았지요. 누가 이기느냐에 따라 운명도 큰 영향을 받을 테니까요. 사실 적지 않은 사람들이 이 상황을 기다렸어요. 독립운동의 힘만으로 일본을 꺾기 어려운 처지란 것을 당사자들도 잘 알았기 때문입니다.

"독립은 우리가 일본을 꺾는 일이기도 하지만, 일본이 패하는 것을 뜻하기도 한다. 중국이 이길 수 있도록 최선을 다해 돕자. 중국이 이기는 그날이 바로 우리가 일제에서 해방되는 그날이 될 것이다."

많은 사람은 중국 혁명이 곧 한국의 독립이라 생각하였어요. 국민혁명 초기부터 쑨원이나 장제스 진영에 가담한 이도 많았고, 중국 공산당이 조직된 이후에는 그 대열에 함께한 이도 많았지요.

그런데 중일전쟁은 이들의 기대와 다르게 전개되었어요. 일본군은 여러 곳에서 중국군을 물리쳤고, 1년도 채 되지 않아 중국의 주요 도시 대부분을 점령하였거든요.

그렇다고 상황이 비극적이었다고만 할 수는 없었어요. 일본군은 주요 도시를 장악하였을 뿐 여전히 중국군은 건재하였기 때문입니다.

상황이 좋지는 않았지만, 독립운동가들은 희망을 잃지 않고 중국인들과 협력하였어요. 그러나 국내에서 일본 신문을 통해 전쟁 소식을 전해 듣던 이들은 큰 충격을 받았습니다.

"이제는 정말 가능성이 없구나!"

급기야 청춘을 독립운동과 함께하였던 이들 중에서도 낙담하는 사람들도 있었습니다.

"독립? 혁명? 꿈도 꾸지 마라. 더 이상 불가능하다는 사실이 분명해지지 않느냐. 그러니 이제 일본인의 한 사람이 되어서, 새로운 질서를 만드는 데 힘을 보태라!"

총독부 관리들은 이렇게 말하며 민족 운동가들을 향해 집요한 전향 공작을 진행합니다. 한편에서는 좋은 말로 설득하였어요. 그러나 다른 한편에서는 공공연하게 위협하거나, 치안유지법 등을 이용하여 마구 사람을 잡아 가두고 고문하였지요.

결과적으로 여러 사람 앞에서 전향을 선언하고, 항일 운동에 나섰던 과거를 스스로 비판하면서 일제의 침략 정책을 지지하는 활동에 나서는 이들도 제법 나왔습니다.

아, 물론 이 모든 일을 주관한 총독부보다 더 열심히 일본의 승리를 위해 싸운 이들도 있었어요. 최고의 충성심을 보여 줌으로써 총독부의 신임을 받고 이를 바탕으로 권세를 누렸던 사람들 말입니다. 이들은 살기 위해 할 수 없이 총독부의 지시를 거부하지 못한 사람들과 구별되는, 그야말로 민족 반역자라 부를 수 있지요.

이들은 독립이 불가능하다는 데 그치지 않고, 독립하지 말아야 한다고 주장하였어요. 일본을 따라 배우자느니, 조선 경제는 일본 경제권 속에서 생존할 수 있다느니, 일본의 팽창이 조선인에게 새로운 기회일 수 있다느니 하는 궤변을 늘어놓았습니다.

그래서 이들은 대일본 제국의 승리를 위하여 목숨 걸고 싸우자고 공공연하게 주장하였어요.

주장만 했을까요? 아니지요. 그들은 잡지나 신문에 글을 쓰고, 사람들을 모아 놓고 연설하였어요. 심지어 제자들에게 군대에 가서 일본을 위해 죽으라고 떠들어댄 교사들도 있었어요.

이들이 공공 매체를 독점하다 보니, 그리고 일제가 서슬 시퍼렇게 나오다 보니, 그 시대를 살았던 보통 사람이나 나중에 그 시기 역사를 공부한 이들 중에는 그때를 암흑의 세월처럼 여겨요. 그래서 누군가 민족 반역자를 청산하자는 주장을 반대합니다.

"일본을 돕는 것이 대세였다."
"시류에 영합한 것은 사실이나 살려고 어쩔 수 없이 한 것이다."
"그 시기 총독부의 지시를 따랐던 모든 이들을 친일파로 단죄할 수는 없는 것 아닌가?"

그럴 때, 딱히 반론을 제기하기 어려운 경우도 있습니다.

민족 반역자 청산을 반대하는 이들에게 뭐라고 해야 할까요? 과연 그 시대를 암흑의 세월로 보는 것이 맞긴 맞나요?

그날이 오면……

1941년 6월 독일과 소련이 전쟁을 벌인다는 소식을 듣자, '일본이 소련과 전쟁을 시작하는 날이 올 것이다. 그 끝은 일본의 패망이다.'라고 판단하고…… 일본이 소련과 전쟁을 시작할 때 채택할 과격한 폭동 계획을 세웠다. '전쟁이 시작되면 각 공장, 광산, 철도, 체신 종사자는 곧바로 각자의 직장을 버리고 곡괭이, 끌, 기타 모든 무기를 준비하자. 또 농민은 호미, 낫으로 무장하여 일본군에게서 식량 일체를 빼앗자. 또한 가정주부는 일본군에게 뜨거운 물을 퍼붓자. 소련 낙하산 부대가 오면 이를 환영 우대하자.'라는 내용이 적힌 선전물을 만들어 배포하였다…… 경성부 내 군부 통신, 방송, 관계 각 청사의 전선 배치도를 입수하여 등화관제하에서의 후방 교란 이적 행위에 활용하려고 기도하고 있는 등 그 활동은 자못 계획적이고 구체적이기까지 하여…… .[1]

경성콤그룹이란 단체가 1941년 8월에 만든 〈선전〉이란 유인물과 그들의 활동 내용을 담은 경찰 조사 기록의 일부를 풀어 쓴 것입니다.
어떻습니까? 1941년은 일제의 세력이 하루가 다르게 팽창하던 때입니다. 많은 사람이 친일파로 돌아서고, 민족 반역자들이 날뛰던 때 아니었나요? 그런데 그 순간에도 일제를 물리칠 수 있는 결정적 시기가 다가온다며 이를 준비하던 사람들이 있었군요.
이 조사 기록에 따르면, 많은 사람이 이 조직에 가담하였고, 도시 운영과 관련된 총독부 자료를 빼돌리고 결정적 시기에 도시 기능을 마비시킬 수 있는 계획을 비교적 상세하게 마련했더라고요. 그래서

체포된 사람도 많았습니다. 경찰에 체포된 이들이 세운 계획은 대체로 다음과 같은 전략의 일부였습니다.[2]

'머지않아 결정적 시기가 올 것이다. 그때 나라 안 여러 곳에서 한꺼번에 폭동을 일으켜 적의 후방을 교란하고, 동시에 해외에 있는 무장 부대가 전선을 돌파하여 일본 제국주의자를 몰아낸다.'

이른바 '결정적 시기 무장봉기론'입니다.

전향하지 않고 투쟁에 열중하였던 이들은 결정적 시기가 다가오고 있다고 생각하였습니다. '일본이 중국을 굴복시키지 못하였으니, 곧 미국, 소련과 전쟁을 벌일 수밖에 없다. 그 전쟁에서 일본은 절대 이길 수 없다'라는 판단에서였지요.

몇몇 투철한 애국지사만 그렇게 생각한 것이 아니었어요. 다음 표를 하나 볼게요.

• 사상범 검거 현황(1928~1944)

연도	건수	인원(명)	연도	건수	인원(명)
1928	227	1592	1937	134	1637
1929	253	1743	1938	145	1344
1930	397	4025	1939	95	1042
1931	436	3659	1940	103	1193
1932	345	4989	1941	232	861
1933	213	2641	1942	183	1142
1934	183	2389	1943	322	1002
1935	172	1740	1944 전반기	132	337
1936	167	2762	계	3739	34098
			평균(1928~1943)	225.43	2110.06

−정병준, 〈광복 직전의 독립운동 세력의 동향〉

어떻습니까? 총독부가 언론을 통제하였으니 보도가 안 되었을 뿐, 권력을 추구하며 부나비처럼 날뛰는 민족 반역자 수보다는 더 많은 사람이 그 시기에도 투쟁을 계속하였다고 할 수 있지 않나요? 이들 말고도 나라 밖에서 투쟁한 이들도 많았을 텐데, 저 암흑의 세월이라 부르는 그 시기가 실은 새벽을 여는 가장 치열하였던 시기라고 해석될 근거는 없을까요?

'그때는 다 그랬다.'가 아니라, '그때도 많은 사람이 목숨을 걸고 싸웠다.'가 사실입니다. 이 사실을 말하지 않고 '그때는 다 그랬으니 민족 반역자를 용서해야 한다.'라는 주장을 아무렇지 않게 하는 이가 있다면 뭐라고 말해야 할까요? 항일 운동에 대해 일절 보도하지 못하게 통제해 놓고는, 모든 조선인이 일본의 전쟁을 지지하고 동참한다고 선전한 당시의 일본인과 과연 무엇이 다를까요?

"결정적 시기 무장봉기"로 독립을 쟁취하자!

"1945년 해방이 왔다. 그러나 우리 힘으로 해방을 쟁취하지는 못하였다."

이에 대해 많은 사람이 공감할 것입니다. 심지어 '그러니까 외세에 의한 분할 점령은 피할 수 없었다.'라거나, '결국 분단으로 귀결될 운명이었다.'라고 생각하는 이들조차 있습니다. 여러분은 이 같은 발상을 어떻게 생각하십니까?

본격적인 이야기를 하기에 앞서 잘못부터 바로잡아야겠군요. 앞에서 "우리 힘으로 해방을 쟁취하지는 못하였다."라고 하였는데, 이를 '해방을 우리 힘만으로 쟁취하지는 못하였다.'라고 고쳐 놓고 생각해 보자는 것입니다. 우리도 나름대로 제법 힘을 보탰으니까요.
　앞의 지도를 잠깐 보시죠. 해방이 코앞에 다가왔던 1945년 무렵 나라 안팎에서 여러 갈래의 투쟁이 계속되었다는 사실이 한눈에 들어오지 않나요?
　국내에서는 건국동맹이나 여러 공산주의 그룹이, 중국에서는 대한민국 임시정부와 조선독립동맹이, 소련에서는 동북항일연군 세력이, 미국에서는 한인회가 조직되어 활동하고 있었지요. 이들은 모두 중

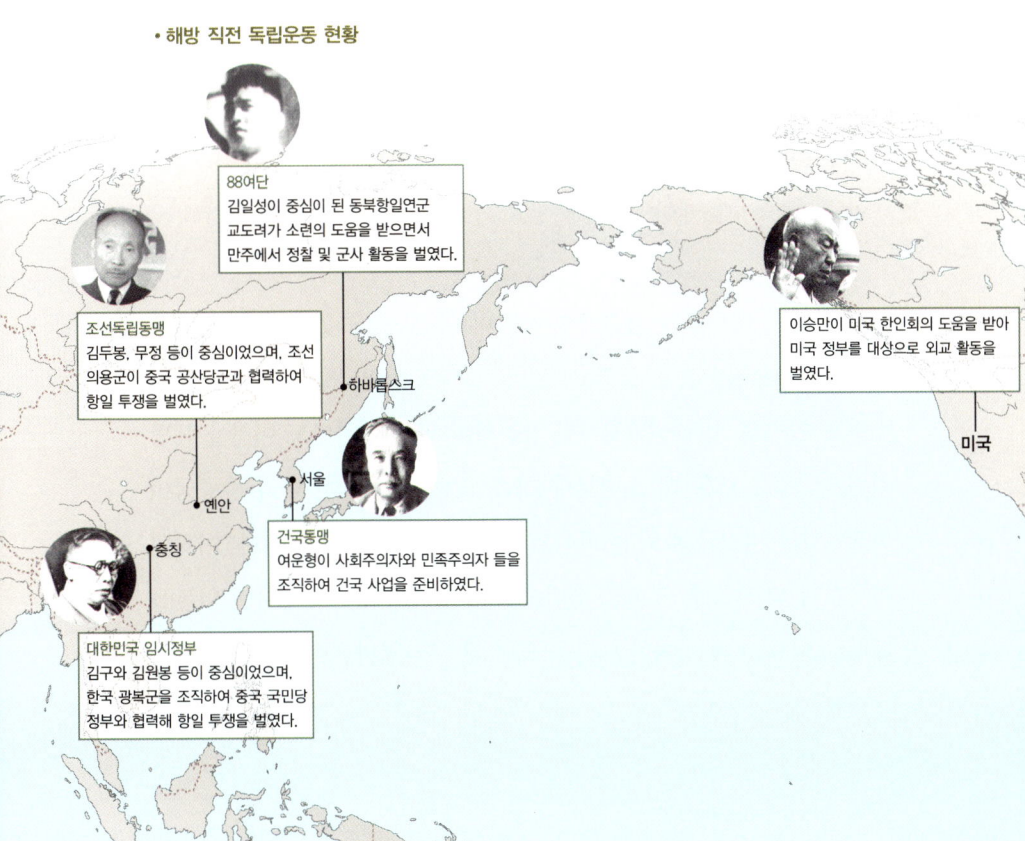

• 해방 직전 독립운동 현황

88여단
김일성이 중심이 된 동북항일연군 교도려가 소련의 도움을 받으면서 만주에서 정찰 및 군사 활동을 벌였다.

조선독립동맹
김두봉, 무정 등이 중심이었으며, 조선의용군이 중국 공산당군과 협력하여 항일 투쟁을 벌였다.

이승만이 미국 한인회의 도움을 받아 미국 정부를 대상으로 외교 활동을 벌였다.

건국동맹
여운형이 사회주의자와 민족주의자 들을 조직하여 건국 사업을 준비하였다.

대한민국 임시정부
김구와 김원봉 등이 중심이었으며, 한국 광복군을 조직하여 중국 국민당 정부와 협력해 항일 투쟁을 벌였다.

국, 소련, 미국이 일본과 싸우는 데 힘을 보태면서, 일본을 패망시킨 뒤 독립국가를 세우기 위한 준비를 서둘렀어요.

사상은 조금씩 달랐고, 활동 근거지도 다 달랐어요. 그런데 중일전쟁 이후 이들의 독립운동 전략은 비슷하였어요. 바로 앞서 소개한 '결정적 시기 무장봉기론'입니다. 국내에서 활동하던 경성콤그룹이나 건국동맹 등은 적의 후방을 교란하면서 해외 무장 세력과 연대를 도모하였고, 해외 무장 세력은 일제와 치열하게 싸우면서 국내 운동가들과 연대하기 위해 노력하였지요. 해외에서 투쟁하던 이들도 서로 협력하여 통일된 운동 전선을 만들기 위해 부단히 노력하였고요. 한국인들이 국내에서 적의 후방을 교란하고 해외에서 연합군과 손잡고 싸웠다면, 앞의 질문을 조금 바꿔 다시 던져볼 수 있겠습니다.

"일본이 어느 한 나라에 의해 패망하였나?"
"아니라면 일본을 패망시킨 나라는 도대체 몇 나라이며, 어떤 나라들인가?"

가장 먼저 떠오르는 나라는 미국입니까? 그럴 수 있습니다. 1941년 이후 일본과 전면전을 벌였고, 결국 일본에 치명타를 입혔으니까요. 소련도 있지요. 1945년 8월 9일 참전하여 만주와 한반도 이북을 해방시켰으니까요. 그런데 소련보다 더 중요한 역할을 한 나라는 중국이지요? 일본 지상군의 약 80퍼센트가 중국에 있었다고 하니까, 어쩌면 미국보다 더 중요한 역할을 했다고도 할 수 있지요. 그렇다면 일본을 패배로 이끄는 데 기여한 나라는 모두 몇 나라일까요?

그 대답은 샌프란시스코 강화 회의에서 찾을 수 있습니다. 전쟁 당사국들이 거의 참가하여 태평양 전쟁을 공식적으로 끝낸 회의인데, 패전국인 일본을 상대로 협상에 나선 승전국이 모두 51개국이었습니다. 이중 48개국이 1951년 9월 강화조약에 서명합니다. 태평양 전쟁은 대규모 국제전이었고, 그래서 연합국이 일본과 싸운 전쟁이지 미국과 소련이 일본을 꺾은 전쟁이 아닙니다.

우리 민족이 일본을 꺾는 데 기여한 공로가 세계 1등, 2등, 3등이 아닌 것은 분명해요. 그러나 과연 세계에서 50등도 안될 만큼 기여한 바가 적을까요?

'해방은 우리 민족이 연합국의 일원으로 참가하여 치열하게 투쟁한 끝에 거둔 국제 연대의 결과이다. 그래서 미·소의 분할 점령은 당연한 일이 아니었고 결과적으로 분단은 피할 수 없었다는 말도 잘못이다.'

이렇게 생각할 수는 없을까요?

미국과 소련, 그리고 대한민국

1941년 12월 태평양 전쟁이 시작되었습니다. 일본이 미국과 동남아시아를 침략한 것입니다. 갑작스러웠지만 독립운동에 몸담았던 이들은 예견한 일이기도 하였지요.

우리는 삼천만 한국 인민과 정부를 대표하여 중국, 영국, 미국, 캐나다, 네덜란드, 오스트리아 및 기타 여러 나라의 대일 선전 포고가 일본을 물리치고 동아시아를 재건하는 가장 유효한 수단이 됨을 축하하여 이에 특별히 다음과 같이 입장을 밝힌다.
1. 한국 전인민은 현재 이미 반침략 전선에 참가하였으니 한 개의 전투 단위로서 추축국에 선전한다.
2. 1910년 합방조약 및 일체 불평등 조약의 무효를 거듭 선포하여 아울러 반침략 국가의 한국에 있어서의 합리적 기득권익을 존중한다…….
― 대한민국 임시정부 대일 선전 포고문, 1941. 12. 10.

임시정부는 곧바로 일본을 향해 정식 선전 포고문을 발표하였어요. 이것은 연합국의 일원으로 최선을 다해 일본을 물리치겠다는 내용입니다.

이후 임시정부는 다른 나라 군대와 협력하여 대일 전쟁을 전개하였으며, 독립운동 세력의 대통합을 위해 노력하였습니다. 그리고 임시정부의 국제적 승인을 위한 외교 활동을 벌였습니다. 중국을 필두로 미국 나아가 영국과 프랑스를 그 대상으로 하였습니다.

사실 임시정부 승인은 매우 중요한 문제입니다. 연합국의 임시정부 승인은, 첫째 일제 패망 뒤 한국 문제는 한국인이 해결한다는 뜻이며, 둘째로는 그 역할을 충칭의 임시정부 주도로 진행한다는 뜻이었습니다. 그래서 충칭의 대한민국 임시정부는 이 문제를 해결하는 데 매우 적극적으로 나섰어요. 중국은 임시정부 승인을 여러 차례 진지하게 검토하였으며, 한때 임시정부를 승인하려 한 적도 있었어요. 그리고 미국과 영국에 임시정부를 승인하자고 설득한 적도 있어요.

그러나 전쟁이 끝날 때까지 어느 나라도 임시정부를 승인하지는 않았어요. 중국은 일제 패망 뒤 조선에 친중국 정부가 성립되기를 바랐기에 임시정부 승인에 적극적이었어요. 그러나 소련은 생각이 달랐고, 미국이나 영국 역시 조선에 개입할 여지를 만들어 두길 원했던 것입니다. 이 중 발언권이 가장 컸던 나라는 미국이었어요. 그런데 미국은 진작부터 일본을 꺾은 뒤 한국에 신탁 통치를 실시할 작정이었습니다.

신탁 통치란 말 처음 듣나요?

제1차 세계대전이 끝난 후, 패전국이 된 오스만 제국의 영토를 상당 부분 분할하여 국제 연맹이 관리한 적이 있어요. 형식적으로는 국제 연맹의 위임 통치령이었지만, 실제로는 영국과 프랑스가 국제 연맹을 앞세워 일정한 기간 동안 점령하였습니다.

미국은 제2차 세계대전 이후 비슷한 국제 질서를 생각하였어요. 다만 한 나라가 아니라, 새로 탄생할 국제 연합 가입국 몇 나라가 공동으로 점령하려 하였고, 이를 신탁 통치라 이름 붙이는 것이지요.

> 세 나라는 현재 한국인이 노예 상태란 점을 유의하여, 적당한 시기에 한국을 자유롭고 독립적인 국가로 만들기로 결정하였다.
> ─카이로 회담 결의 사항, 1943.

1943년에 있었던 카이로 회담은 미국과 영국, 중국의 최고 지도자가 만나서 일본과 싸우는 데 협력할 방안과 일본 패망 후 영토 처리

문제를 논의한 회담이었지요. 이 회담에서 나온 위 결의 사항은 우리의 해방 문제를 세 나라가 공식적으로 합의한 역사적인 선언입니다.

그런데 시원하지는 않지요? 한국의 해방을 합의하였는데, 바로 "적당한 시기에"라고 번역한 'in due course'란 부분이 걸립니다. '적절한 과정을 거쳐'란 뜻으로 해석할 수도 있겠지요. 내막은 이렇습니다.

회의에 참석한 미국은 조선을 신탁 통치하려 했어요. 그런데 중국이 독립을 주장하였지요. 결국 적당히 절충한 문장이 "…… in due course 'Korea' shall become free and independent……"였어요. 'Korea' 앞은 미국의 입장이, 그 뒤는 중국의 입장이 반영된 셈이지요.

이후 연합국의 수뇌부는 몇 차례 더 만납니다. 1945년 2월에 얄타 회담이 있었고, 그해 5월에는 소련 외상이 미국을 방문하였으며, 그해 7월에는 포츠담에서 정상이 참가한 회의가 열렸습니다. 소련은 대일 전쟁 참가를, 미국은 한반도를 신탁 통치하겠다는 뜻을 여러 차례 재확인하였지요.

사실이 이와 같다면, 한국인들은 연합국의 일원으로 일제와 싸우며 참전국 지위를 요구하였는데, 연합국 내 강대국들이 그들의 이익을 앞세워 한국인의 주장을 거부한 것이라 볼 수 없을까요?

우리 힘으로 해방을 쟁취하지 못하였다고 자책할 필요가 없습니다. 그러니 해방이 분단으로 이어진 가슴 아픈 결과 역시 전적으로 우리 책임일 수만은 없습니다. 우리는 우리 나름대로 최선을 다해 싸웠는데, 강대국이 자신들의 이해관계를 앞세워 한국을 희생시킨 측면이 많기 때문입니다.

1945년 8월 15일

1945년 8월 6일 미국은 일본 히로시마에 원자폭탄을 투하합니다. 이틀 뒤, 소련은 일본에 전쟁을 선포하고 대규모 군대를 휘몰아 만주와 한반도 북부로 진격합니다. 일본의 패망이 이제 초읽기에 들어간 것입니다.

8월 11일 옌안의 조선 의용군은 국내 진격을 준비합니다. 드디어 8월 14일, 독립동맹의 주석인 김두봉은 조선 의용군 앞에 나섭니다.

"동지들, 드디어 때가 왔습니다. 각지에서 활동하는 조선 의용군은 즉시 소속 부대를 통솔하여 조선으로 출발하시오. 중국과 조선으로 진격한 소련군과 함께, 일제를 물리치고 조선을 해방합시다."[3]

출발할 당시에 조선 의용군 병력은 약 1,000여 명이었다고 합니다. 그런데 이들이 고국을 향해 행군하자, 대오에 참가하는 이들도 빠르게 늘었습니다.

같은 시기 소련에서 활동하던 세력들도 분주하게 움직였습니다. 일부는 소련군을 도와 함경도로 들어왔습니다. 그리고 일부는 만주로 들어가 항일 활동을 조직함으로써 적의 후방을 교란하여 소련의 진격을 도왔습니다.

대한민국 임시정부는 연합군과 손잡고 비행기를 이용하여 특수 부대를 국내로 투입하는 훈련을 진행하고 있었어요. 워낙 고국에서 멀리 떨어져 있어 다른 두 세력처럼 바로 움직이지는 못했지요.

8월 12일 서울에서는 여운형이 송진우를 만나 건국 준비 활동을 함께하자고 제안하였습니다. 그러나 송진우는 일본이 패망할 때까지 기다려야 하며, 그 뒤에는 충칭의 임시정부를 추대해야 한다며 거절하였습니다.

둘 사이에 대화가 오가는 동안 총독부에서는 전쟁이 끝났을 때 둘 중 누구에게 치안 협조를 요청할 것인지 저울질하고 있었어요. 일본이 패망했을 때 일본인이 안전하게 제 나라로 돌아가는 일이 시급했으니까요.

그런데 소련 군대가 거침없이 진격하자 총독부는 겁에 질렸습니다. 소련은 사회주의 국가인 데다, 일본이 오랫동안 반소·반공을 강조하였기 때문이지요. 결국 총독부는 자신들이 사회주의자로 분류하였던 여운형을 교섭 상대로 삼습니다.

1945년 8월 14일 저녁, 총독부 2인자인 정무총감은 여운형에게 면회를 요청합니다. 두 사람의 만남은 역사적인 1945년 8월 15일 아침에 이루어졌습니다.

정무총감 오늘 일본이 항복을 선언합니다. 선생께서 조선인을 설득하여 일본인의 재산과 안전을 지킬 수 있도록 곁에서 치안 유지를 도와주시오.

여운형 일제와 싸우다 갇힌 분들을 모두 석방하고, 석 달치 식량을 확보해 주시오. 우리는 지금부터 건국 사업을 할 것이니 이 또한 간섭하지 마시오. 동의하신다면 돕겠소.[4]

총독부는 치안 유지를 도와달라고 하였습니다. 그러나 여운형은 아예 치안을 맡고 건국 준비를 하겠다고 대답한 것이지요. 급했던 총독부는 결국 이를 받아들였습니다.

집으로 돌아온 여운형은 곧바로 동지들을 불러 모았어요. 건국동맹이란 조직을 기억하시죠? 그는 진작부터 일본이 패망할 것을 알고 건국 사업을 준비하였다고 앞에서 이야기하였지요?

여운형의 행동은 물 흐르듯 자연스러웠습니다. 그날 저녁 여운형을 위원장, 안재홍을 부위원장으로 하는 건국준비위원회(건준)가 모습을 드러냅니다. 이튿날 여운형은 형무소로 가서 갇혀 있던 동지들을 석방하였습니다. 이때부터 해방을 축하하는 물결이 거리를 뒤덮기 시작하지요.

그날 오후에 여운형은 서울 도심에서 해방을 축하하는 대규모 집회를 열었습니다. 그리고 안재홍은 이날 세 번이나 라디오 연설을 하였어요. 이로써 본격적인 건국 사업이 시작되었습니다.

지방에서도 비슷한 일이 진행되었어요. 형무소에 갇힌 투사들이 풀려났고, 해방을 축하하는 시위가 벌어졌지요. 사람들은 저마다 다양한 형태의 자치 조직을 만들어 건국 사업을 준비하였어요. 일부 지역에서는 조선인들을 몹시 괴롭힌 '악질적인 민족 반역자'를 처단하는 일도 있었어요.

지방의 자치 조직은 서울의 건준과 연락을 주고받으면서, 점차 건준 지부로 자리 잡았어요.

얼마 뒤 건준 본부는 임시정부 성격을 갖는 조선인민공화국으로 확대 개편하였습니다. 그리고 지역의 건준 지부들은 인민위원회란 이름의 임시 지방 정부 형태로 개편되었지요. 총독부는 조선인민공화국이나 인민위원회에 정권을 넘겨주지는 않았어요. 건준에 참가한 사람들도 어느 정도 예상하였던 일입니다. 일본은 미국에 항복할 것이니 행정권도 그때 미국에게 넘길 것이라 생각한 것이지요. 그러나 건준에 참여하였던 이들은, 이렇게 조선인들이 임시정부를 만들어 두어야 한국인의 뜻을 미국에 제대로 전할 수 있으리라 생각하고 서둘렀던 것입니다.

선거를 통해 민주공화국을 세우자

소련군은 8월 9일 전투를 시작하였어요. 그들은 순식간에 일본군을 격파하며 만주와 한반도 북부로 진격하였습니다. 그러나 소련군이 함경도에 진격하였을 때도 미군은 아직 오키나와 부근에 있었어요. 미국은 소련이 한반도를 점령할까 봐 걱정하였습니다.

"북위 38도선을 경계로 미·소가 한반도를 나누어 점령하자."

미국은 서둘러 소련에 제안하였습니다. 소련이 이를 흔쾌히 받아들였습니다. 만주를 소련이 단독 점령하고, 한반도의 절반을 점령하는 결과이니 나쁘지 않았던 것이지요.

8월 16일에 전투는 끝났고, 8월 22일에는 38도선 이북의 일본군이 항복하였습니다. 소련군은 8월 25일까지 38도선 이북의 주요 도시를 장악하였습니다. 그러나 미군은 9월 8일에 한국에 도착하였고, 이튿날 일본군에게 공식적으로 항복을 받습니다. 지방의 주요 도시까지 장악한 것은 한참 뒤의 일입니다.

38도선을 경계로 남북을 분할 점령한 미국과 소련은 중요한 결정은 자신들이 내려야 한다고 주장한 점에서는 같았어요. 대한민국 임시정부를 인정한다거나, 한국인의 건국 사업을 그대로 인정할 생각도 없었어요.

미국에서 활동하던 이승만이나, 충칭에서 활동하던 대한민국 임시정부 지도자들은 모두 개인 자격으로만 귀국할 수 있었어요. 미군이 반대하였기 때문입니다. 옌안을 출발하여 신의주에 도착하였던 조선의용군은 무장 해제당한 채 다시 중국으로 내몰렸고, 한참 뒤 그 대표단만 귀국할 수 있었습니다. 소련이 반대하였기 때문입니다.

다만 건국 사업에 대한 방침은 조금 달랐어요. 소련군은 일본으로부터 넘겨받은 행정권을 곧 한국인들에게 넘기고, 배후에서 중요한 의사 결정만 담당하였어요. 그 결과 8월 말에는 38도선 이북 거의 모든 곳에서 인민위원회란 한국인 자치 기구가 행정권을 행사할 수 있었습니다.

미군은 행정권을 직접 행사하였어요. 그들은 조선인민공화국이나 인민위원회를 인정하지 않고, 군인들이 직접 통치하겠다고 나섰어요. 이른바 미군정을 실시한 것입니다.

해방이 곧 독립이 아니란 사실에 사람들은 적지 않은 충격을 받았어요. 그러나 많은 사람들은 미국과 소련이 머지않아 돌아갈 것이며, 진정한 독립, 참된 민주주의 국가 건설이 멀지 않았다고 생각하였어요.

사람들은 저마다 함께 세울 국가의 모습을 상상하고, 뜻을 같이하는 이들끼리 다양한 조직을 만들었지요. 마을이나 직장에서 다양한

북쪽 소련에서 활동하던 김일성이 좌파의 중심이었다면, 물산 장려 운동을 이끌었던 조만식이 우파, 국어 학자이자 조선독립동맹 활동을 한 김두봉이 좌파와 우파의 가운데쯤에 있었다. 전체적으로 좌파가 많았으며 중도파는 약했다.

김일성　　　김두봉　　　조만식

1945. 8. 25. 소련군 진주
평양

38°

남쪽 조선공산당을 이끈 박헌영이 좌파의 중심이었다면, 송진우 등 한국민주당 계열이 가장 심한 우파였다. 이승만도 분명한 반공주의자였다. 여운형은 좌파이면서도 민족적 단결을 강조한 점에서 중도파였으며, 김구는 민족의 단결을 강조하였으나 사회주의를 반대한 우파였다.

박헌영　　여운형　　김구　　이승만　　송진우

서울
1945. 9. 9. 미군 진주

조직을 만들었고, 계층별, 직종별 중앙 조직도 다양하게 만들었어요.

정당도 다양하게 조직되었습니다. 국내에서 일제와 싸우던 사회주의자들은 박헌영을 중심으로 조선공산당을 만들었습니다. 신간회나 건준 활동을 함께하였던 중도파에서는 안재홍이 국민당을, 여운형이 인민당을 조직하였습니다. 건준에 불참하였던 보수 세력은 송진우와 김성수 등을 중심으로 한국민주당을 조직하였습니다.

긴 세월 나라 밖에서 일제와 싸웠던 투사들도 귀국하였습니다. 이승만이 먼저, 그다음 김구와 임시정부 지도자들이 서울로 들어왔습니다. 이북에서는 김일성이 먼저 도착하였고, 뒤이어 김두봉을 비롯한 조선독립동맹 지도자들이 들어왔습니다.

미국과 소련은 한반도에 자기 나라를 지지하는 정부를 세우려 하였어요. 그래서 자신들의 뜻이 잘 통하는 정치 세력을 의도적으로 지지하였습니다. 그러니까 두 나라는 존재 자체로 민족적 대단결을 방해하는 원심력으로 기능하였지요.

그러나 다양한 세력을 아울러 민족적 대단결을 이끌 구심점은 약했어요. 해외의 독립운동가들은 건국준비위원회나 조선인민공화국을 인정하지 않았어요. 충칭의 임시정부가 구심점을 자처하였으나, 심지어 이승만조차 임시정부와 거리를 두었고, 중국이나 소련에서 투쟁하던 이들이나 국내에서 활동하던 투사들도 임시정부의 주장에 흔쾌히 동의하지는 않았어요.

민족적 대단결을 일구기 어려웠던 당시 상황을 놓고 이렇게 말하기도 합니다.

"그래 그렇지 뭐, 중요할 때 단결하지 못하는 국민성!"

"분할점령당하였으니 분단은 당연한 것 아니었을까?"

어떻게 생각하시나요? 그러나 단결이 무조건적으로 이루어지지는 않잖아요. 또 단결이 꼭 필요하다 해서 무조건 단결하자거나, 죽은 황제의 아들 중 하나를 데려다 왕으로 삼을 수도 없는 일이지요.

구심점이 약했던 까닭은 가혹한 조건에서 독립운동을 하였기 때문입니다. 나라 밖에서는 중국이나 소련의 도움을 받아야 했고, 나라 안에서는 감시의 눈을 피해 비밀 활동을 해야 했잖아요.

게다가 얼마 전까지 일제 침략자들과 한통속이었다가 갑자기 애국자인 양하고 나타나 건국 사업에 동참하겠다는 사람들도 수두룩하지 않았나요? 그들하고도 건국 사업을 상의해야 할까요?

본질적으로 국민이 수천 만이면, 수천 만의 다른 생각이 존재하는 게 당연합니다. 구심점이 없는 게 오히려 자연스럽고, 의견이 다른 사람들이 대화하고 토론하면서 구심점을 만들어 가는 과정이 곧 국가 건설 아닌가요?

그래서 선거가 중요한 것입니다. 다양한 생각을 가진 사람들이 국민의 지지를 물은 뒤, 다수의 지지를 받은 쪽에서 나랏일을 주도하고 국민들이 이에 따르면, 그렇게 해서 구심점이 만들어지는 것이지요.

후세 사람들이 그때 단결하지 못하였던 사실을 놓고 쉽게 말하는 것과 달리, 그때 독립운동에 몸담았던 이들은 이같은 상황을 분명히 이해하였어요.

"일제를 물리친 뒤, 선거를 통해 민주공화국을 만든다!"

당시 그들은 사상과 이념의 차이에도 불구하고 이 같은 생각에서 큰 차이가 없었어요. 그들은 '악질적인 민족 반역자만 빼고, 누구나 참여할 수 있는 나라를 만들자.'라고 생각했어요. 세우고자 하는 나라의 형태가 다소 다르다는 점은 알았으나, 사상의 차이를 인정하면서도 민족의 대단결을 이룰 수 있다고 생각하였고, 혁명이 아닌 선거를 통해 민주 정부를 세운다는 데 동의하였어요.

문제는 해방이 미·소의 분할 점령을 동반하였다는 것입니다. 구심점이 아직 충분히 형성되지 못하였는데, 미국과 소련이 민족 대단결을 방해하는 원심력으로 작용하기 시작한 것입니다.

어떻게 해서든 분단은 안 된다고 모두가 버텼다면, 서로의 차이를 이해하고 인정하기 위해 끝까지 노력하였다면, 그 원심력은 끝내 작동하지 못하였을 것입니다. 그러나 구심점을 만들려는 노력보다 미국과 소련을 들먹이며 자기 입지를 세우려는 자들의 목소리가 커지면, 아직 채 형성되지 못한 구심력은 분산되고 말겠지요.

분단, 동족상잔의 비극을 불러온 전쟁, 수십 년에 걸친 치명적인 체제 대결!

이 같은 비극은 결국 민족의 대단결을 이루려는 구심력이 원심력을 감당할 수 없었거나, 원심력에 편승하여 자신의 이익만 챙기려는 흐름이 구심력을 약화시켰기 때문일 것입니다.

9
남과 북, 분단으로 치닫다

분단의 원인은 무엇이며 정녕 피할 수는 없었을까?

1945년 2월 얄타 회담 개최

8월 일본 항복, 소련군 38도선 이북으로 진주

9월 미군이 39도선 이남으로 진주, 한국민주당과 조선공산당 창당

10월 이승만 귀국, 독립촉성중앙협의회 설립

11월 임시정부 주요인사 귀국, 여운형 조선인민당 창당

12월 모스크바 3상 회의 개최

신탁통치 반대 운동 본격화

1946년 1월 조선공산당 모스크바 3상 회의 지지 선언

2월 평양에서 북조선 임시인민위원회 결성

서울에서는 우파가 민주의원을 좌파가 민주주의민족전선을 구성

3월 제1차 미·소공동위원회 개최(~5월 7일)

38도선 이북에서 토지개혁 완료

5월 좌우합작 움직임이 시작됨

6월 이승만, 남한만의 단독 정부 수립 구상 발표

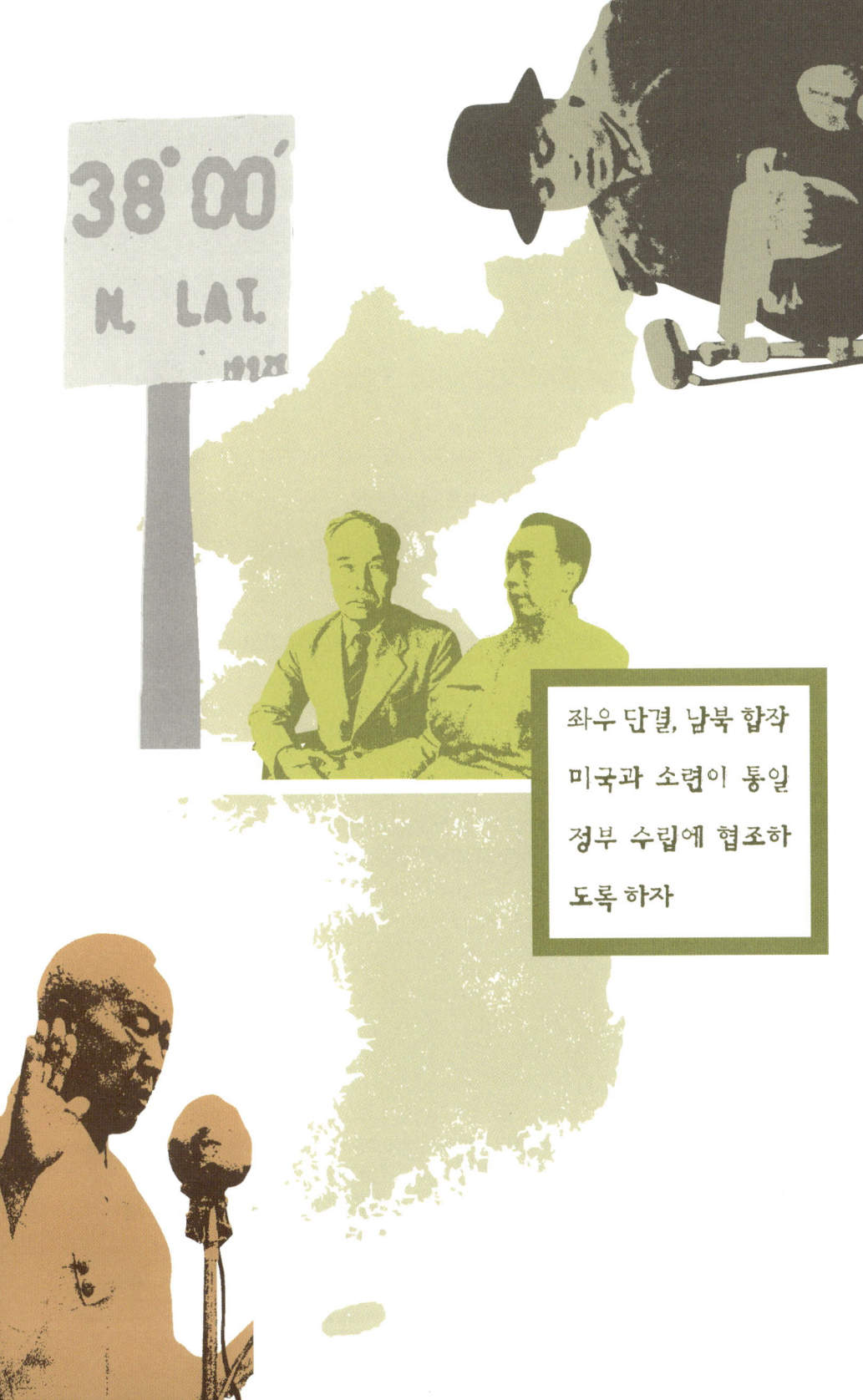

이제 우리는 무기 휴회된 공위가 재개될 기색도 보이지 않으며 통일 정부를 고대하나 여의케 되지 않으니 우리 남방만이라도 임시정부 혹은 위원회 같은 것을 조직하여 38 이북에 소련이 철퇴하도록 세계 공론에 호소해야 될 것이니 여러분도 결심하여야 할 것이다.

-《서울신문》. 1946. 6. 3.

해방된 지 채 1년도 되지 않던 1946년 6월, 남한만의 단독 정부 수립을 주장한 이승만의 연설을 전하는 신문 기사입니다.

누구의 상상에도 '분단'이란 말이 없었을 때, 이승만은 '분단을 선택해야 한다.'라고 이야기하였습니다.

그는 무엇을 구실로 그런 엄청난 이야기를 하였을까요? 그의 주장을 어떻게 이해해야 할까요?

대한민국의 기원을 찾는 우리 이야기도 이제 막바지로 접어들었군요. 여기서는 과연 누가, 왜 분단을 상상하였는지, 과연 분단은 피할 수 없었는지를 돌아보려 합니다.

돌아온 이승만

1945년 10월 이승만이 귀국하였습니다. 남쪽으로 돌아온 주요 지도자 중 맨 처음이었지요. 미국은 그의 귀국을 적극적으로 도왔습니다.

많은 사람이 그의 귀국을 반겼고, 성대한 환영 대회도 열렸지요. 많은 사람이 그가 새 나라를 대표할 만하다고 여겼습니다. 조선인민공

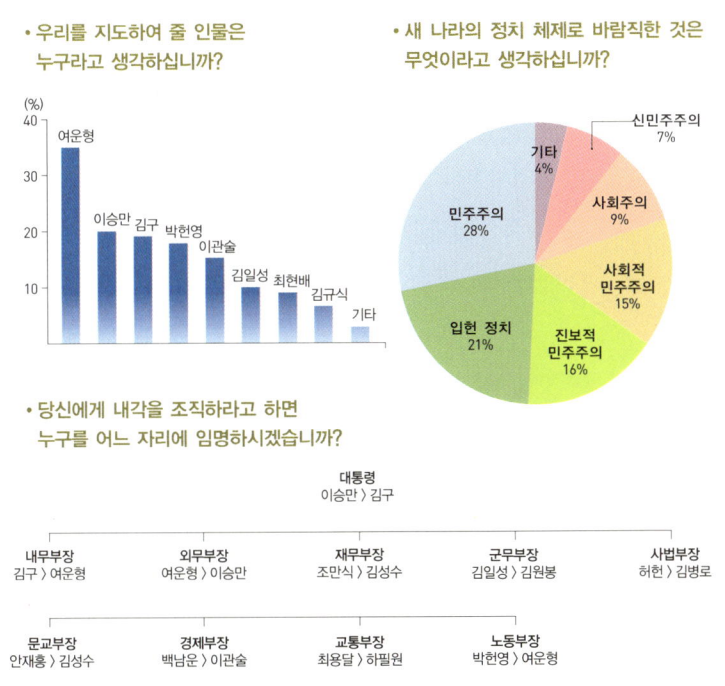

해방 후 선구회에서 실시한 여론 조사 결과 | 선구회란 중립 성향의 단체 여론 조사부가 1945년 10월 10일부터 11월 9일까지, 정당(970부), 사회 단체(926부), 학교(1374부), 기타(644부) 등에 배포하여 각계각층의 여론을 수렴한 결과다. 내각 구성원은 1등과 2등을 동시에 표기한 것이다.

화국이 그를 주석으로 추대하였으며, 선구회란 단체가 실시한 여론 조사 결과도 비슷하였습니다.

미군정의 생각도 비슷하였어요. 미국이 한국을 식민지로 만들 생각은 아니었으니, 한국이 미국에 우호적인 국가가 되도록 하는 데 이승만은 활용 가치가 많다고 생각하였겠지요.

귀국한 이승만은 주석에 참여해 달라는 조선인민공화국의 요청을 거절하였습니다. 충칭의 임시정부가 돌아오기를 기다려야 한다는 구실이었어요. 그렇다고 임시정부를 추대하자는 주장도 하지 않습니다.

> 미국 안에 조선의 소식이 전하여지기를 "일본이 물러간 뒤 한인들이 자유로 일어나서 60정당이니 50정당이니 하고 난립하여 야단법석"이라는 말을 듣고 나는 가슴이 아팠다…… 타국 사람이 조선의 뜻을 알려고 하면 곧 와서 물어볼 만한 책임 있는 기관을 만들어야 한다.
> ─《매일신보》, 1945. 10. 25.

그는 여러 정당·사회 단체가 두루 참가하는 민족 통일 기관을 새로 만들자고 제안합니다. 그 제안에 여러 단체가 참가하여 독립촉성중앙협의회(이하 독촉중협)가 만들어집니다.

그런데 이 제안은 중요한 함정이 있었어요. 사실은 건준을 모태로 하여 탄생한 조선인민공화국이나 여태껏 우파가 떠받들자고 주장한 임시정부를 다 부정한 셈이거든요. 그러니까 조선인민공화국과 임시정부가 이 제안에 적극적일 수는 없었겠지요.

게다가 독촉중협을 이끌던 이승만에게는 다른 문제도 있었어요. 일찍부터 한국민주당(이하 한민당)과 손잡은 것이죠. 그는 오랜 세월 미국에 있었던 탓에 사람도 돈도 부족하였는데 한민당은 그것을 다 가지고 있었지요. 한민당은 이승만이 반공주의자였다는 점이 마음에 들었고, 그를 내세우면 친일 청산을 내건 임시정부를 견제할 수도 있다고 생각하였습니다. 실제로 이승만은 여러 차례 한민당 입장을 대변하였습니다.

"친일 민족 반역자를 건국 사업에 앞세우지 말라."

좌파는 이승만이 한민당 쪽으로 기우는 것을 우려하였습니다.

훗날 귀국한 임시정부 인사들 역시 한민당은 함께하기 어렵다고 생각하였어요. 이런 일이 있었어요. 김구가 귀국한 지 얼마 안 되었을 때인데, 한민당 대표단이 찾아왔습니다.

"나라 밖에서 그동안 얼마나 고생이 많으셨습니까? 먹고 입는 것도, 잠잘 곳도 불편하실 텐데, 우선 아쉬운 대로 좀 쓰시지요."

부자 정당답게 한민당은 막대한 자금을 내놓습니다. 그러나 임시정부의 반응은 차가웠어요.

"친일파 돈은 받지 않습니다."

이승만은 임시정부의 임시 대통령을 지냈고 국내에서 신망이 높았습니다. 그래서 미군정은 반공주의자인 그를 앞세우고 좌파나 중도파 일부를 참여시켜 새 국가를 세우려 하였습니다. 그런데 그가 한민당에 기울면서 끝내 좌파와 임시정부 쪽을 끌어들이지 못하였어요. 그것을 이루지 못한 이승만의 위치도 당연히 흔들렸습니다.

대한민국 임시정부와 조선인민공화국

1945년 11월 23일 임시정부 주요 인사 1진이 귀국하였어요. 그들은 모두 개인 자격으로 귀국을 허락받았어요. 그러나 국민들은 임시정부의 귀환으로 이해하였고, 임시정부 인사들은 자신들이 새 국가 건설을 주도해야 한다고 생각하였지요.

건국 강령 기억나시죠?

임시정부는 상황을 어느 정도 예상하였던 터라, 이럴 경우에 따른 나름의 계획을 세워 두었습니다. 일본이 항복한 뒤, 임시정부는 그 계획을 좀 더 다듬어서 귀국하였어요. 임시정부는 1단계로 행정권을 인수하고, 2단계로 여러 정당이나 단체가 참가하는 회의체를 만들어 임시 의회처럼 운영하면서 이 회의체의 집행부를 과도 정부로 삼으려 하였어요.

그러나 미군정은 정권을 넘겨줄 생각이 없었어요. 당연히 1단계는 실현되지 못하였지요. 2단계 역시 만만치 않았어요. 이미 이승만이 자신을 중심으로 독촉중협을 구성하고 "조선인민공화국이든 임시정부든 모두 들어오라." 하는 상황이었거든요.

그걸 임시정부에서 받아들일 수는 없었지요. 임시정부는 독촉중협과 별개로 2단계 과업을 추진하였습니다. 그러나 임시정부는 바로 난관에 부닥쳤습니다. 두 가지 문제가 있었습니다.

조선인민공화국 쪽은 "적어도 민족 반역자는 새 나라 건설에서 빼야 한다."라고 주장하였고, 한민당과 이승만 쪽에서는 "조선공산당과 조선인민공화국은 소련의 앞잡이다."라며 시퍼렇게 날을 세웠습니다.

양쪽을 아우르기가 쉽지 않았어요.

한때 임시정부와 조선인민공화국이 정식으로 통합 협상을 벌인 적도 있었어요. 그런데 조선인민공화국이 일대일로 통합을 제안한 데 반해, 임시정부는 임시정부 안에 1, 2개 부서를 마련하여 조선인민공화국에서 추천한 인물을 참여시키겠다고 나섭니다.

임시정부	임시정부는 3·1운동의 독립 정신을 이어받아 창설된 이래 항일 독립 투쟁을 이끈 민족 대단결의 구심점이다.
조선인민공화국	조선인민공화국은 친일파들을 빼면, 국내 항일 세력은 우리가 거의 아울렀으며, 그동안 건국 사업을 잘해 왔다. 게다가 임시정부가 해외 독립운동을 대표할 수도 없지 않나?

요약하자면 양쪽의 주장은 이렇게 대립하였어요. 서로 양보 없이 경쟁하였고, 결국 협상은 결렬되었습니다. 임시정부 역시 국내 정치 세력을 아우르는 데 성공하지 못한 것이지요.

돌아보면 당시 국내에서는 좌파가 우세하였어요. 미군정 쪽 조사에도 그렇게 나왔지요. 게다가 국내 우파를 대변하였던 한민당에 대한 여론은 매우 나빴어요. 해방 직전에 한국인을 전쟁터로 내몬 사람도 많았고, 노골적인 친일파도 제법 있었거든요.

그런데 미군정이 한민당 사람들로 군정 고문을 구성하고, 이들의 추천을 받은 이에게 경찰조직을 맡겼어요. 그리고 이승만이나 김구 등 우파를 중심으로 임시 행정부를 구성하려 하였어요. 38도선 이남에서 각계각층을 아우르는 민족 대단결이 실패한 가장 큰 이유는 바로 이 같은 상황 때문이 아니었을까요?

결국 해방된 지 여러 달이 지났는데도 임시정부를 구성한다거나, 민족 반역자를 처단하거나 사회를 민주적으로 개조하는 일은 진척이 없었어요. 그래서 연말이 다가올수록 38도선은 언제 없어지는지, 언제 진짜 독립이 될 것인지 답답함과 걱정이 조금씩 커졌지요.

그런데 바로 그해 연말 한반도 전체를 폭풍의 소용돌이 속으로 밀어 넣은 일이 일어났습니다.

모스크바 3상 회의……

"모스크바에서 개최된 3국 외상 회담을 계기로 조선 독립 문제가 표면화하지 않는가 하는 관측이 농후하여 가고 있다. 즉 번즈 미 국무장관은 출발 당시에 소련의 신탁 통치안에 반대하여 즉시 독립을 주장하도록 훈령을 받았다고 하는데, 3국 간에 어떠한 협정이 있었는지 없었는지는 불명하나, 미국의 태도는 카이로 선언에 의하여 조선은 국민 투표로써 그 정부의 형태를 결정할 것을 약속한 점에 있는데, 소련은 남북 양 지역을 일괄한 일국 신탁 통치를 주장하여 38도선에 의한 분할이 계속되는 한 국민 투표는 불가능하다고 하고 있다."

―《동아일보》, 1945. 12. 27.

1945년 12월 27일은 모스크바에서 미국과 영국, 소련 세 나라 외상 회의가 열리던 중이었고, 아직 결과가 나오지 않은 때였어요. 그런데

모스크바 3상 회의 보도 나중에 알려진 회의 공식 합의문에 따르면, "한국을 독립국가로 재건 설하여 민주주의 원칙에 따라 발전시키고 일본 통치의 잔재를 청산할 임시정부 구성"이 가장 중요한 내용이었다. 그런데 《동아일보》는 임시정부 구성과 식민 잔재 청산보다 신탁 통치 실시 문제를 가장 중요한 의제로 삼아 지속적으로 부각시켰다.

《동아일보》는 "外相會議에 論議된 朝鮮獨立 問題 / 蘇聯은 信託統治 主張 / 蘇聯의 口實은 三八線 分割占領 / 米國은 卽時 獨立 主張"이 라는 제목으로 잘못된 보도를 하였습니다. 미국은 신탁 통치를, 소련 은 즉시 독립을 주장하였거든요.

《동아일보》는 한민당 입장을 대변하였던 신문입니다. 보도가 나오 자 한민당은 곧바로 신탁 통치 반대 운동에 나섰고, 이튿날 《동아일 보》는 다시 1면 머리기사로 "소련의 조선 신탁 주장과 각 방면의 반대 봉화"라는 기사를 싣고 같은 주장을 되풀이하였습니다.

회의 결과가 정식으로 발표된 후에도 《동아일보》는 논조를 그대로 유지합니다. 이제는 정확히 알려진 모스크바 3상 회의의 결정은 다음과 같습니다.

> 1. 한국을 독립국가로 재건설하며, 민주주의적 원칙하에 발전시키고, 일본 통치의 잔해를 빨리 청산할 조건들을 조성할 목적으로 민주주의 임시정부를 수립한다.
> 2. 연합국이 한국 임시정부의 수립을 원조·협력할 방안의 작성은 민주주의적 정당·사회 단체들과의 협의를 통해 미·소공동위원회가 수행한다.
> 3. 5년 이내를 기한으로 하는 4대 강국에 의한 신탁 통치의 협정은 한국 임시정부와의 협의를 거쳐 4개국이 심의한 후 제출한다……

'서둘러 남북을 아우르는 조선인 임시정부를 만들자.'라는 것이 결정의 핵심입니다. 그리고 '그 임시정부가 독립국가 건설을 준비하고 민주 개혁을 실천하고 식민 잔재를 청산하도록 하자.'라는 것이지요. 《동아일보》가 그렇게 강조하였던 신탁 통치 문제는 '4대 강국이 조선 임시정부와 상의할 일'로 간주되었습니다.

그러나 《동아일보》는 임시정부 구성과 식민 잔재 청산 문제를 외면하고 신탁 통치 문제만을 부각하였습니다. 한민당과 이승만 진영은 신탁 통치를 반대하였으며, 신탁 통치를 주장하였다는 구실로 소련을 반대하였으며, 나아가 반탁 운동에 앞장서지 않는 좌파 진영을 싸잡아 비난하였습니다.[2]

그들은 형식적으로는 반탁 운동을 벌였지만, 실제로는 '반소=반공' 운동을 벌인 것입니다. 미국과 소련, 남과 북, 좌와 우가 합의하여 통일 정부를 세우기 위해 노력하는 대신, 소련을 비난하고 좌파를 반민족 집단으로 간주하고 배격하려는 운동이었던 것입니다. 그래서 반탁 운동 열기가 한껏 치솟자, 이제 이렇게 말하기 시작합니다.

"해방된 마당에 과거 친일 여부를 따져서 무엇하겠는가, 좌우를 뛰어넘어 반탁 운동에 나서자."
"소련의 앞잡이가 되어 신탁 통치를 지지하는 자들이야말로 진짜 민족 반역자가 아닌가."

한국인은 누구나 신탁 통치를 받아들일 수 없었을 것입니다. 그러나 독립이란 목표를 이루기 위한 전략을 세워 강대국에 우리 뜻을 관철하기는 쉽지 않았습니다. 그러나 이런 식의 주장을 소리 높여 외치면서 결국 미국이 신탁 통치를 주장하였다는 사실은 묻히고, 협상을 통해 통일 국가를 수립하려는 노력에 새로운 장애물이 생긴 것은 아닌지 따져 볼 일입니다.

신탁 통치 반대냐, 임시정부 수립이냐

반탁 운동의 최선두에는 김구가 이끄는 임시정부가 있었어요. 임시정부는 반탁 의사를 밝힌 단체들로 비상시국회의를 구성한 뒤 대대적인 반탁 운동을 벌였어요.
 운동의 절정은 12월 31일이었는데요, 임시정부는 이날을 기하여 자기들이 군정을 대신하겠다고 나섰습니다.

"오늘부터 전국의 경찰과 공무원은 군정의 명령을 거부하고 임시정부의 지시를 따르라."

임시정부가 이 같은 입장을 발표하자, 수천 명의 군정청 관리가 파업을 일으켰습니다. 많은 상인이 가게문을 닫고 지지 의사를 밝혔으며, 시위대가 거리로 쏟아져 나왔습니다. 지지와 동참 의사를 밝힌 단체도 많았습니다.

그러나 거기까지였습니다. 군정 책임자가 김구에게 강력하게 경고하자 임시정부는 결국 하루 만에 파업을 중지시켰으니까요. 임시정부의 반탁 운동은 임시정부를 실제 과도 정부로 만들려는 운동이었습니다. 거대한 국민 운동을 일으켜, 1단계로 미군정을 2선으로 후퇴시키고, 2단계로 운동에 참가한 단체들의 회의체를 임시 의회처럼 만들려는 것이지요.

그러나 정작 열쇠를 쥔 미군정은 꿈쩍도 하지 않았습니다.

"38도선 이남에서 유일한 정부는 미군정이다!"

미군정은 2선으로 물러날 생각도 없었고, 임시정부 주도로 만들어진 비상시국회의를 임시 의회로 인정할 생각도 전혀 없었어요. 그러니 반탁 운동을 통해 임시정부 주도의 과도 정부를 만들려던 노력은 뜻을 이루지 못하였습니다.

그런데 모든 사람이 반탁 운동에 나선 것은 아니었어요. 모스크바 회의의 결정이 서둘러 조선인의 임시정부를 구성하고, 미국과 소련이 만나는 데 있다고 생각한 이들은 조심스러웠습니다.

사실 해방된 지 넉 달이 지나도록 미국과 소련은 한 번도 만나지 않았어요. 그런 상태에서 이북은 소련이, 이남은 미국이 지원하는 세력이 두각을 나타내고 있었거든요. 그러던 차에 모스크바에서 회의가 열렸고, 회의는 미·소가 만나고 남북을 아우르는 통일 임시정부를 만들자는 내용이었으니, 신탁 통치 문제만 아니라면 하루빨리 일이 그렇게 진행되길 바랐던 사람이 많았을 것입니다.

우파가 반탁 운동을 하면서 모스크바 합의를 부정하였다면, 좌파와 중도파는 대체로 모스크바 합의를 존중하는 쪽이었습니다. 박헌영이 이끌던 조선공산당과 38도선 이북에서는 '3상 회의 절대 지지'를 주장했습니다. 우파 쪽에서 "그럼 신탁 통치는 받아들이자는 거야 아니야?"라고 물어도, "우린 3상 회의 절대지지야."라고만 대답하였습니다. 임시정부를 강조한 점은 이해가 가지만, 신탁 통치 반대를 외치는 국민의 마음은 헤아리지 못한 주장이지요.

여운형 같은 중도파는 생각이 또 달랐습니다.

"우리는 절대로 신탁 통치를 받아들일 수 없다."
"그러나 지금은 임시정부 구성을 위해 매진할 때이며, 우리 힘으로 임시정부를 구성한 뒤 나중에 미·소와 협상하여 신탁 통치를 실시하지 않도록 최선을 다하자."

이것이 그의 주장이었어요. 그래서 그는 서둘러 미·소공동위원회(미·소공위)를 열자고 제안하였습니다.

하지만 좌파와 우파, 중도파의 견해 차이는 쉽게 좁혀지지 않았어요.

"공산당은 소련의 꼭두각시이며 민족 반역자다."

"친일파들이 반탁을 주장하며 민족 대단결을 방해한다."

좌와 우, 이남과 이북 사이의 의견 대립은 갈수록 격화되었어요. 오죽했으면 해방되고 처음 맞는 3·1절 기념식을 따로 치렀을까요.

합작인가, 단독 정부인가 — 38도선 이북의 선택

모스크바 회의 결정은 이북에도 동일하게 영향을 미치는 일이었습니다. 그렇다면 이 일이 이북에서는 어떻게 진행되었을까요?

시간을 조금만 거슬러 올라가 보겠습니다. 소련군이 이북에 들어왔을 때, 이북에서도 좌파가 우파보다 우세하였어요. 소련은 좌파가 주도하면서 우파를 적당히 참가시키려 했는데, 상황이 딱 맞았어요. 그래서 이북에서는 이남처럼 큰 갈등 없이 정국이 전개되었어요.

모스크바 회의 직후 상황은 이남과 비슷합니다. 이북 우파를 대표하는 조선민주당은 "신탁 통치 절대 반대"를, 좌파 진영은 "3상 회의 결정 절대 지지"를 내걸었으니까요.

그러나 소련의 개입으로 상황은 곧 이남과 달라집니다. 소련은 조선민주당을 이끌던 조만식을 집요하게 설득합니다. 반탁 운동을 벌이지 말라는 것이지요. 그러나 조만식은 굽히지 않습니다.

그러자 소련은 조만식이 다시는 정계에 나올 수 없도록 만들어 버립니다. 그리고 나서 보도 통제를 통해 반탁 움직임을 알리지 못하게

북조선 임시 인민위원회 수립 선포(1946. 2. 8.) 임시 인민위원회 위원은 모두 23명으로 이들이 입법과 행정을 함께 주관하였다. 공산당과 신민당 등 좌파 계열이 12명, 나머지 11명은 민주당(5명)과 무소속으로, 좌파의 주도권을 보장하는 바탕 위에서 우파를 참여시키는 양상이었다. 여기서 토지 개혁과 친일 청산 등이 이루어졌다.

합니다. 결국 이북에서는 "3상 회의 결정 절대 지지"로 의견을 모읍니다.

이북에서 반탁 진영은 처음부터 많지 않았어요. 그런데도 그 소수의 발언조차 용납될 수 없다면, 심지어 나라의 신탁 통치와 관련된 문제조차 말할 자유가 없다면 말이 안 되는 일이지요.

1946년 2월 8일, 평양에서 중요한 회의가 열렸어요. 제정당 사회단체 연석회의란 회의인데, 이날 김일성은 북조선 임시 인민위원회를 만들자고 제안합니다. 157명의 참가자는 이 제안을 받아들여 임시 인민위원회 규정을 만들고, 이튿날 인민위원 23명을 선출합니다.

우리 식으로 치면 인민위원은 장관쯤 됩니다. 임시 인민위원회는 입법과 행정 기능을 동시에 가졌어요. 모스크바 회의 결정에 따라 미·소공동위원회가 열리기 한 달쯤 전에 이북에서는 사실상 임시정부가 출현한 셈입니다.

인민위원 중에는 공산당과 신민당 등 좌파가 12명, 조선민주당을 비롯한 우파가 11명이었어요. 김일성이 위원장을 맡았고, 좌파가 주도권을 잡았어요.[3]

"민주 개혁을 실시하자!"
"지주·자본가를 비롯한 반동 계급의 기반을 없애야 민주적 독립국가를 만들 수 있다."
"우선 38도선 이북을 민주적으로 개혁하고, 이를 통해 전국 혁명과 조국 통일의 튼튼한 기지로 만들자!"

임시 인민위원장에 선출된 김일성은 서둘러 '민주 개혁'을 추진하겠다고 나섰어요. 가장 서둘러 추진할 일로 친일 민족 반역자 처단, 전면적인 토지 개혁 등을 내세웠어요.

임시 인민위원회는 3월 5일 토지 개혁 법령을 제정하였으며, 곧바로 이북 전역에서 토지 개혁이 실시되었어요. 일본인이나 민족 반역자가 가졌던 재산은 몰수하였고, 누구도 5정보(약 1만 5,000평) 이상의 토지를 가질 수 없도록 토지를 재분배하였지요.

당시 농부 1인당 평균 경작 면적이 1정보 안팎이었다니까, 사유재산을 부정하였다거나 사회주의 개혁이란 식의 주장은 옳지 않아요. 그러나 많은 땅을 가졌던 지주, 상당한 토지 재산을 가졌던 종교 단체는 큰 타격을 받았어요. 당연히 그들을 기반으로 하였던 우파 쪽 정치 세력도 치명적인 타격을 받았지요.

계층적으로 지주들이었다거나, 종교를 가졌거나 성직자였던 사람들은 견디기 힘들었어요. 그래서 많은 이들이 1946년 봄부터 남쪽으로 내려왔어요. 갈수록 북쪽에서는 좌파가 우세해지고, 남쪽에서는 북에서 온 사람들을 중심으로 새로운 반공 집단이 형성되었습니다.

이북 지도자들은 이남의 반탁 운동을 경계하였어요. 미국이 반탁 운동을 배후에서 조종하는 것은 아닌지 의심하였고, 반탁 운동을 계기로 친일 집단이나 우파 세력이 확장된다고 걱정하였지요. 그래서 이른바 '민주 개혁'을 서두른 것입니다. 이북이라도 튼튼하게 보전하고, 그 결과가 남쪽에도 유리하게 작용할 것이라 생각한 것이지요.

그러나 상황은 그들 뜻대로 돌아가지 않았어요. 오히려 이들의 행동이 좌우, 남북 사이의 대립을 더욱 첨예하게 만들어 버린 것입니다. 이북의 이 같은 조치들이 결국 돌아오지 못하는 길로 모두를 내몬 것은 아닌지 생각해 봐야 합니다.

민주의원과 민전, 그리고 미군정

이북에서 제정당 사회 단체 연석회의가 열리던 날 이남에서도 비슷한 회의가 열렸어요. 비상국민회의였는데요. 이북과 비슷한 제정당 사회단체 회의였지요.

참가한 단체 대표들은, 이 회의를 임시의정원으로 간주하고, 과도정부의 책임을 맡을 정무위원회를 구성하였어요. 회의를 주도한 김구는 이렇게 군정 시대를 끝내고 싶어 하였어요.

물론 김구와 임시정부의 생각일 뿐이었습니다. 일부 좌파 단체는 아예 초대받지 못하였고, 최고 정무위원으로 선출된 사람들도 거의 우파로 채워졌거든요. 그래서 이남의 좌파 쪽 제정당 사회 단체는 따로 모여 민주주의민족전선(이하 민전)이란 별도의 기구를 만들어 비슷한 일을 진행하였지요.

결과적으로 이북에서 임시정부가 만들어질 무렵, 이남에는 좌우파가 따로 임시정부 구성 작업을 본격화한 것이지요. 그러나 미군정은 이들 둘 다 인정할 생각이 없었어요.

미군정은 이남의 독립 요구가 높다는 점과 이북에서 실제로 임시정부가 수립되었다는 사실이 무척 부담스러웠어요. 그러나 끝내 한국인들에게 행정권을 넘겨주지는 않았고, 좌우파를 대등하게 대할 생각도 아니었어요.

2월 14일 미군정은 비상국민회의가 선출한 정무위원을 한자리로 불러 모았지요. 이승만, 김구, 김규식 등이 한자리에 모였습니다.

"조선 사람을 대표하여, 나를 잘 도와주세요."

미군 사령관 하지는 이들을 '민주의원'으로 명명한 뒤, 자신의 자문위원 역할을 맡긴 것입니다.

비상국민회의와 정무위원회를 과도기 의회와 행정부로 생각하였던 임시정부는 황당하였습니다. 임시정부는 비상국민회의를 만들면서, 사실상 임시의정원과 임시정부를 해산하였는데 결국 남은 게 뭡니까? 아무런 실권도 없는 군정 사령관의 자문 기구라니요.

그러나 그런 대접조차 받지 못한 사람들도 있었어요. 미군정은 더 많은 단체와 회원으로 구성된 민전의 국가 건설 노력을 완전히 무시하였으니까요. 민전은 그저 그림자 대접을 받았지요.

물론 상황이 다 끝난 것은 아니었습니다. 곧 모스크바 회의 결정에 따른 미·소공동위원회가 열릴 테니까요. 그래서 민주의원 쪽이든 민전 쪽이든 미·소공동위원회를 충실히 대비합니다.

미·소공동위원회, 통일 임시정부 수립을 가늠하다

1946년 3월 20일 드디어 미·소공동위원회가 열렸어요. 이제 머지않아 38도선이 걷히고 미국과 소련이 한 발 물러서며 뒤로 남북을 아우르는 임시정부가 구성될 것이라고 기대한 이가 많았어요.

그러나 회의는 처음부터 벽에 부닥쳤어요. 임시정부를 수립하려면 미국과 소련이 협의할 조선인 대표단을 구성해야 하는데, 이 문제를 풀지 못하였기 때문입니다. 양쪽의 주장을 요약하면 이렇습니다.

미국 남쪽은 민주의원이 한국인을 대표합니다. 민주의원에서 일부 인사를 선발할 테니, 북측에서는 임시 인민위원회에서 일부 인사를 선발해 주세요. 그들의 의견을 들어 임시정부를 구성합시다.

소련   그것은 모스크바 합의에 어긋납니다. 분명 '민주주의적 제정당 사회 단체와 협의한다.'라고 되어 있지 않습니까? 게다가 민주의원은 반탁 운동 단체에서 선발된 사람들 아닙니까?

첫 번째 논란은 곧 끝났습니다. 그러나 제정당 사회 단체의 범위를 정하는 새로운 논란은 끝내 합의점을 찾기 어려웠습니다. 논란의 핵심은 반탁 운동 참가 단체들이었습니다.

소련   모스크바 회의 결정을 반대하는 단체와 그것을 실천할 계획을 세운다구요? 그게 가능합니까?

미국   반대하는 사람도 한국인입니다. 언론의 자유를 부정한다는 것은 있을 수 없는 일이지요.

치열한 공방이 오간 뒤, 소련이 한 걸음 물러섰습니다.

"반탁 운동을 하였다 해도, 지금 미·소공동위원회에 협조하겠다고 서명하면 협의 대상으로 인정한다."

그러나 결과적으로 이 제안도 회의를 진전시키지는 못하였어요. 미군정과 민주의원 쪽에서 여러 날 동안 토론한 결과는 "서명하고 미·소공동위원회에 참가하되, 반탁 운동을 계속한다."라는 것이었습니다.

5월 6일, 미·소공동위원회는 소득 없이 끝났습니다. 그것은 통일정부 수립이 벽에 부닥친 것을 뜻하였어요. 누구도 분단을 입에 담지 못하였으나, 이제 그것을 걱정하는 이들이 나오기 시작합니다.

어쩌면 분단이 전혀 상상 밖은 아니었는지도 모르겠습니다.

미국이 민주의원을 남측 대표로 내놓는다고 하였을 때 일부 미국 언론은 미군정이 우파 단독 정부를 세우려 한다고 보도한 적이 있었어요. 물론 미군정은 부인하였어요.

이북에 수립된 임시 인민위원회가 "이북을 민주기지로 만들자." 하고 나섰을 때 적지 않은 사람은 그것이 분단으로 이어질지 모른다고 걱정하였어요. 물론 그들도 "염려 놓으라."라고 말하였지요.

그러나 단지 우려에 그치는 것은 아니지요. 미·소공동위원회가 깨졌다는 것은, 협상을 통한 통일 정부 수립이 어려워질 수 있다는 뜻이니까요. 이를 걱정하여 절대 그렇게 되어서는 안 된다는 생각으로 상황을 타개하려던 이들이 바로 여운형과 김규식이었어요. 중도 좌파, 중도 우파로 불릴 만한 인물들이지요.

"먼저 우리 민족의 뜻을 하나로 모으고 미·소공동위원회 재개를 요구합시다."
"좌우가 단결하고, 남북이 합작한 뒤, 미국과 소련더러 임시정부 수립에 협조하라고 합시다."

이들은 좌우 합작을 추진하겠다고 나섰습니다. 그들이 앞장서자 좌우파 단체들이 두루 관심을 보였습니다. 이승만의 저 유명한 '정읍 발언'이 나온 것은 바로 이 무렵입니다.

"미·소공동위원회가 재개될 기미가 없으니 서둘러 남한만이라도 임시정부를 만들어야 한다."

한민당을 제외한 거의 모든 정치 세력이 이 발언을 격렬하게 규탄하였습니다. 그러나 이미 입 밖으로 나온 말은 그 자체로 생명력을 갖기 시작합니다. 복잡하던 머릿속을 분단 정부란 말로 정의해 버리고, 그렇게 정리된 말은 새로운 현실을 만들어 내는 힘으로 작동할 수 있으니까요. 시위를 떠난 화살처럼, 단독 정부를 만들자는 주장은 많은 사람의 머릿속을 맴돌기 시작합니다. 그것을 하나의 대안이라고 공공연하게 주장하는 사람들이 생겨났다는 뜻이지요.

이후 소련·좌파와 협상할 필요가 없다는 일부 우파와 협상이 어려울 것이라 생각하는 미군정은 점차 눈을 맞추었습니다. 미군정·우파를 불신하는 일부 좌파는 여차하면 이북이라도 장악하려는 소련과 눈을 맞추었습니다. 결국 구심력보다는 원심력이 더 크게 작용하는 시기가 왔습니다.

분단을 피할 수는 없었을까?

이남과 이북이 대립하고, 좌와 우가 대립하면서 남측의 우파와 북측의 좌파는 점차 단독 정부를 상상하였습니다. 일이 이렇게 치닫게 된 까닭은 무엇일까요? 어차피 우리 힘으로 독립을 쟁취하지 못하였고, 이념이 다른 두 강대국이 분할 점령하였으니 분단은 거스를 수 없는 대세였을까요? 같은 시기 유럽으로 잠깐 눈을 돌려 볼까요? 먼저 얄타 회담 당시 합의문을 보시죠. 제2차 세계대전 이후 국제 질서의 얼개를 세운 회담입니다.

소련 수상, 영국 수상, 그리고 미국 대통령은…… 이에 상호 합의서를 발표하는 바이다…… 해방된 사람들이 나치즘과 파시즘의 마지막 잔재를 떨어 버리고 자기 자신의 선택에 따라 민주 제도를 세워야 한다. 이것은 바로 그들이 침략국에 강제로 빼앗긴 주권과 자치권을 회복시키고 자신들이 원하는 정부의 형태를 선택할 권리가 있다는 우리 원칙을 재확인한 것이다.

— 얄타 회담 합의문, 1945. 2.[4]

패전국의 지배를 받다 해방된 나라는 그 나라 사람이 스스로 민주 정부를 세우도록 세 나라가 협력하기로 합의하였군요. 이 정신을 우리에게 적용하였다면, 미·소 양국 군대는 일본군 무장을 해제하고 가장 빠른 시일 안에 철수하였을 텐데 말이에요.

물론 정부 수립 절차가 간단하지만은 않았어요. 임시정부가 두 개인 폴란드의 경우에는 더 어려웠어요. 영국에 망명 정부가 있었고, 소련군이 독일군과 싸울 때 국내에서 협력하던 세력이 따로 있었어요.

몰로토프(소련), 해리먼(미국), 클라크 커(영국) 세 사람은…… 폴란드 국내외 민주 지도자들과 모스크바에서 일차적으로 협의할 권한을 위임받았다. 이 폴란드 민족 통합 임시정부는 가능한 한 빠른 시일 내에 일반 선거 및 비밀 투표를 토대로 한 자유롭고도 구속받지 않는 선거를 실시할 것을 선언할 것이다. 이 선거에는 민주적이고 나치에 반대한 모든 정당이 참여하여 후보를 내세울 권리를 갖게 될 것이다.

— 얄타 회담 합의문

겉보기에는 임시정부와 조선인민공화국이 있었던 우리 경우와 비슷해 보이는데요. 우리도 연합국이 합의만 하였다면 이런 식으로 해결할 여지가 있지 않았을까요?

오스트리아의 사례도 생각할 여지가 많아요. 분할 점령당하였다 해서 죄다 분단된 것은 아니었거든요. 게다가 오스트리아는 독일과 함께 패전국이었는데도 말입니다.

1945년 4월 소련이 진격한 후 오스트리아에서는 사회주의자가 임시 정부 건설을 주도하였습니다. 그러나 임시정부에는 좌우를 막론하고 두루 참가하였습니다. 다만 히틀러에 협조하여 오스트리아를 전쟁으로 이끌고 민주주의를 무너뜨린 자들을 철저하게 응징하였습니다.

얼마 뒤 외국 군대가 70만 명 가까이 진주하고, 나라는 네 조각이 났지요. 소련은 소련대로, 미·영·프 진영은 또 그들대로 오스트리아를 요리하려 하였습니다.

오스트리아인들은 이 같은 위기를 어떻게 넘겼을까요.?

이들은 임시정부를 구성한 지 반년 만에 선거를 치렀어요. 히틀러에 협조한 전력이 있는 자들은 처음부터 배제되었습니다. 선거의 다수당이 권력을 독차지하는 대신, 좌우파가 연합하여 정국을 이끌면서 민주적인 개혁을 서둘렀습니다.

그리고 나서 승전국을 끈질기게 설득하였지요.

"영세중립국이 되겠다."

"어떤 나라도 편들지 않으며, 어떤 나라에도 군사기지를 제공하지 않겠다."

최대한 내부 의견을 조정한 뒤 네 나라를 설득하고, 끈질기게 국제 여론에 호소하였습니다. 1955년, 네 나라는 군대를 철수하였고, 오스트리아는 완전한 독립국 지위를 얻게 되었습니다. 세월은 적잖이 흘렀으나, 분단도, 분단에 따른 기막힌 내전도 거치지 않고 민주적인 독립국가의 꿈을 마침내 이룬 것입니다. 전쟁을 도발한 패전국이었는데도 말입니다.

많은 분과 함께 생각해 보고 싶어요.

폴란드에서 일어난 일과 우리나라에서 일어난 일은 어떤 점에서 같거나 달랐을까요?

오스트리아에서 일어난 일과 우리나라에서 일어난 일은 또 어떤 점에서 같거나 달랐을까요?

도대체 어떤 차이가 있었기에 우리 민족에게는 그토록 가혹한 미래가 기다리고 있었을까요?

질문을 던지고 함께 대답을 찾다 보면, 여전히 계속되는 분단을 어떻게 극복할 수 있을지, 시사점도 얻을 수 있을지 모르겠어요. 역사는 그저 지나간 과거 이야기로 그치는 것이 아니니까요.

10

대한민국은 민주공화국이다

> 대한민국 헌법에는 어떤 이야기가 아로새겨져 있을까?

1946년 10월 좌우합작 7원칙 발표, 입법의원선거 제안

　　　　 12월 남조선 과도입법의원 구성

1947년 2월 북조선인민회의 회의 개최, 인민위원회 수립

　　　　 5월 제2차 미·소공동위원회 개최

　　　　 7월 여운형 암살

　　　　 9월 미국, 한국 문제를 유엔에서 논의하자고 제안

　　　　 11월 유엔, 유엔 감시하 총선 실시를 통한 정부수립안 결정

　　　　 12월 중간파 단체들 민족자주연맹 조직, 남북협상 추진

1948년 4월 김구, 김규식 38도선 이북으로 가서 남북협상

　　　　 5월 38도선 이남의 총선, 제헌 국회 개최

　　　　 7월 대한민국 헌법 공포

　　　　 8월 미군정 폐지, 대한민국 정부 공식 출범

　　　　　　 이북에서 최고인민회의 선거 실시

　　　　 9월 조선 민주주의 인민공화국 헌법 공포

　　　　　　 조선 민주주의 인민공화국 정부 공식 출범

　　　　 12월 유엔총회, 한국정부 승인

　　　　　　 소련군 철수 완료

1949년 6월 미군 철수 완료

제1조 대한민국은 민주공화국이다. 헌법의 기본 정신은 정치적 민주주의와 경제적, 사회적 민주주의와의 조화를 꾀하는 데…

제18조 …영리를 목적으로 하는 사기업에 있어서는 근로자는 법률의 정하는 바에 의하여 이익의 분배에 균점할 권리가 있다.

제19조 노령, 질병 기타 근로능력의 상실로 인하여 생활유지의 능력이 없는 자는 법률의 정하는 바에 의하여 국가의 보호를 받는다.

제84조 대한민국의 경제질서는 모든 국민에게 생활의 기본적 수요를 충족할 수 있게 하는 사회정의의 실현과 균형있는 국민경제의 발전을 기함을 기본으로 삼는다. 각인의 경제상 자유는 이 한계내에서 보장된다.

제87조 중요한 운수, 통신, 금융, 보험, 전기, 수리, 수도, 까스 및 공공성을 가진 기업은 국영 또는 공영으로 한다.

……

서용길 의원	제1조에 '대한민국은 민주공화국이다.' 그랬습니다. 거기에 국호에 대한민국이라는 그것을 반대하는 사람이올시다 …….
진헌식 의원	대한민국은 3·1 혁명 투쟁을 통하야 조성된 국호이며 이 역사적 광영을 가진 국호야말로 대내적으로는 민족 통일의 기초가 되고, 대외적으로는 민족 투쟁의 긍지가 될 것으로 믿습니다.
조봉암 의원	소위 민주공화국에 대한이란 대자는 아랑곳없는 것입니다. 한이란 말이 꼭 필요하다면 한국도 좋고 우리말로 한나라라 해도 좋을 것을 큰 대자를 넣은 것은 봉건적 자존비타심의 발성이요, 본질적으로는 사대주의 사상의 표현인 것뿐입니다.

—제1회 국회 본회의 속기록 [1]

대한민국 국회가 처음 구성되어 헌법을 만들던 때 이야기입니다. 말투도, 맞춤법도 지금이랑 여러모로 다르군요. 많은 사람이 대한민국이란 나라 이름을 당연하게 여길 텐데, 1948년 6월에도 여전히 논란이 되었군요.

드디어 대한민국의 기원을 찾는 여행의 막바지까지 왔습니다. 오늘은 드디어 정부 수립 과정을 살펴보고, 대한민국이 지향한 국가의 모습을 살펴보고자 합니다.

분단으로 치닫다

지난번에 제1차 미·소공동위원회가 실패한 1946년 여름 이야기까지 나누었어요. 기억나시죠? 이 무렵부터 공공연하게 분단이 불가피하다고 말하는 사람이 나왔다고요.

물론 이 이후에도 어떻게 해서든 분단을 막아야 한다고 나선 이들이 많아요. 그렇지만 한 번 입 밖에 나온 말은 마치 구르는 눈덩이처럼 갈수록 더 큰 주장이 되어 사람들의 행동을 구속하였습니다.

1946년 가을에는 남과 북에서 처음으로 선거가 치러집니다. 선거 방식은 지금과 많이 달랐지만, 요즘으로 치면 국회의원에 해당하는 사람을 뽑았어요. 여전히 군정이 모든 것을 결정하였던 이남에서는 이로써 과도입법의원이 구성되었고, 행정권을 거의 넘겨받았던 이북에서는 이를 통해 최고인민회의를 구성하였어요.

이듬해 2월에는 행정권 행사에서도 변화가 나타났어요. 이남에서는 미군정이 행정권을 상당 부분 한국인에게 넘겼습니다. 안재홍을 민정장관으로 삼았고, 얼마 뒤 군정을 남조선 과도정부로 고쳐 불렀어요. 거의 비슷한 시기 이북에서는 최고인민회의에서 새로운 행정부를 선출하였어요. 선거 전에 붙였던 임시 인민위원회의 '임시'라는 딱지도 떼어 냈어요.

이남과 이북에서 일어난 일이 조금은 달랐지요? 그렇지만 한국인이 실질적인 권력을 장악하는 쪽으로 흘러간다는 본질은 동일하였어요. 그것은 그 자체로 바람직한 일이지요. 몇 년을 예정하였든 신탁통치 같은 것은 생각만 해도 끔찍하니까요.

그러나 남과 북에서 각각 국회가 탄생한 사실은 결코 작은 일이 아니어요. 양쪽 국회가 제각기 국민을 대표한다고 주장하고, 그러면서 자기만 옳다고 주장하며 양보하지 않는다면 참 어려운 문제가 일어날 수 있기 때문이지요.

남조선 과도입법의원을 이끌던 이는 김규식이었어요. 임시정부의 대표적인 외교통이었고, 해방 직전에는 임시정부에서 부주석을 지냈습니다. 그는 사회주의에 반대하였어요. 그러나 우파이면서 좌우합작을 통한 통일 정부 구성을 시도하였지요.

그는 남조선의 과도입법의원과 북조선 최고인민회의가 국회 회담을 열어 통일 정부 구성을 논의하려 하였어요. 물론 미국과 소련의 동의를 얻어야 하는 일이고, 그보다는 먼저 남북이 각각 두 의회 안에서 동의를 얻어야 했습니다.

그러나 김규식의 구상은 제대로 시도조차 되지 못하였습니다. 이남에서는 우파에게 유리한 선거 방식 때문에 이승만·한민당 진영이 과도입법의원을 거의 장악하였거든요. 게다가 이북은 여전히 모스크바 회의 결정을 고수하고 있었습니다.

1947년 5월에 두 번째 미·소공동위원회가 열렸어요. 1년 전의 들뜬 분위기는 찾아볼 수 없었고, 참가자들 역시 이전보다 더 경직되어 있었어요. 구경하는 사람의 눈으로 보면, 결렬의 책임을 서로에게 떠넘기려는 사람들끼리 책잡히지 않으려 애쓰는 모습만 보인다 할 정도였으니까요.

한 걸음도 앞으로 나아가지 못하던 회의는 사실상 두 달 만에 결렬 수순을 밟았습니다.

미·소공동위원회 결렬이 뜻하는 바가 뭐겠어요. 그것은 바로 미국과 소련이 자신이 점령한 곳에서만이라도 자신과 가까운 정부를 세우겠다는 것 아닐까요? 절망스럽게도 1947년 여름부터는 분단 정부 수립을 향한 시계가 움직이기 시작하였습니다.

두 개의 헌법 초안

과도입법의원이 개원한 이후 여러 의원이 새로운 헌법을 만들자고 주장하였어요. 주로 우파 진영이었는데, 헌법을 만들어 미군정에 정권을 넘기라고 압박할 작정이었던 것이죠.

입법의원에 참가한 중도파는 썩 내키지 않았어요. 임시 헌법 제정이 남한의 단독 정부로 이어질 수 있다고 생각하였기 때문이지요. 그래서 일부는 토론에 참가하여 나쁜 헌법이 나오지 않도록 애쓰고, 또 일부는 아예 이 활동을 나몰라라 외면하였습니다.

1947년 8월 6일 과도입법의원이 '조선 임시 약헌'이란 임시 헌법을 의결하였습니다. 군정 상태가 아니라면, 그게 헌법이 되고 그 헌법에 따라 선거법을 만들어 선거도 치렀겠지요.

이전에도 여러 헌법 초안이 있었어요. 물론 가장 오래된 것은 대한민국 임시정부의 헌법들이지요. 해방된 뒤에도 좌우파에서 저마다 새 국가 건설의 비전을 담은 헌법안을 만들었지요.

이때 만들어진 임시 헌법은 주로 우파 쪽에서 나온 초안을 놓고 만들었어요. 조금만 볼까요?

제1조 조선은 민주공화정체임.

제4조 조선의 국민은 좌기 각항 정책의 확립에 의하야 생활 균등권을 향유함.

······.

4. 농민본위의 토지 재분배.

5. 대규모 주요 공업 및 광산의 국영 또는 국가 관리.

7. 기업의 경영 관리에 노동자 대표 참여.

제5조 조선 국민은 좌기 각항 정책의 확립에 의하야 문화 급 후생의 균등권을 향유함.

1. 의무 교육제의 실시와 직업 교육의 확충.

······.

5. 의료 기관의 적정 분포와 공영의 확충.

―조선 임시 약헌, 1947. 8. 6.[2]

나라 이름은 조선이었군요. 그리고 국민이 누릴 권리 중에서 생활 균등권, 문화생활을 할 권리, 복지에 관한 권리를 가장 앞세웠습니다. 적어도 이 시기 우파는 국가가 국민의 기초 생활을 보장하고 균등 사회를 이루기 위해 적극적인 역할을 해야 한다고 생각하였군요.

그런데 미군정은 가타부타 없이 여러 달을 보냅니다. 군정은 자신이 임시 헌법을 공포하면, 한국인들이 행정권을 넘기라고 압박할 것으로 예상하였어요. 그래서 내키지 않았지요. 마침 입법의원이 국민을 제대로 대표하지 못한다거나, 임시 헌법의 제정이 남한만의 단독 정부 수립으로 이어질 수 있다고 비판하는 사람도 많았어요. 1947년

11월이 되자 군정은 결국 임시 헌법을 공포하지 않겠다고 밝혔습니다. 헌법을 제정하였으나 시행되지는 않은 것이지요.

그러나 임시 헌법을 제정하려는 시도 자체가 가져온 파장은 만만찮았어요. 파장의 절정은 아마도 이북의 대응이 아닐까 싶어요.

뭐였을까요?

유감스럽게도, 이북에서도 독자적인 헌법을 제정하는 절차를 시작한 것입니다.

이북에서는 이미 선거를 통해 국회가 구성되어 있었잖아요.

이름이?

최고인민회의였지요.

제3차 북조선 최고인민회의가 1947년 11월에 열렸는데요, 이 회의에서 헌법 초안을 만들기로 결정하였습니다. 먼저 각계각층에서 추천된 31명으로 헌법 제정 기초위원회를 구성하였어요. 추천된 위원 중에는 정당, 경제사회 단체, 문화계에서 추천한 인물이 두루 포함되었어요.[3]

초안 작성 과정은 생각보다 일사불란하였습니다. 위원들이 다양한 계층을 대표하였다지만, 실상 위원들 대부분이 좌파 정당 소속이었거든요. 게다가 헌법을 제정할 때 논란이 될 만한 친일 청산 문제, 토지 개혁 문제, 권력 구조 등은 이미 다 결정되어 시행 중이었기 때문입니다.

어쨌거나 헌법을 제정하는 방식은 이남과 많이 달랐어요. 이북에서는 인민회의에서 만든 헌법 초안을 전 인민에게 설명하고 전 인민의 의견을 수렴하여 재수정하는 절차를 밟았어요. 1948년 2월부터 '인민

토의'가 무려 두 달 동안 진행되었지요. 물론 그렇다고 해서 초안이 바뀐 것은 거의 없었어요. 그래서 각본대로 진행된 토론이라는 비아냥도 있습니다.

이북의 지도부는 이남의 임시 헌법에 대해 격렬하게 비난하였어요. 분단으로 치닫는다거나, 친일 청산이나 토지 개혁에 대한 태도가 분명하지 않다는 이유에서였어요. 그러면서 이북의 헌법이 전 인민의 의사를 수렴해 만든 가장 민주적인 헌법이라고 내세웠어요.

국민의 입장에서 보면, 헌법은 권리장전의 성격을 갖습니다. 국가의 주인은 국민이고, 국가는 국민의 권리를 보장하기 위해 존재한다는 대원칙을 천명한 뒤, 국민이 누릴 권리를 일일이 열거하는 이유가 바로 이 때문입니다. 그래서 헌법을 만드는 과정은 국민에게 그야말로 한바탕 축제의 장이어야 할 것입니다.

그러나 1947~1948년 동안 두 개의 헌법 초안이 만들어질 때, 국민들은 축제라고 느끼지 못하였습니다. 기대하였던 미·소공동위원회는 결렬되었고, 분단이 불가피하다고 주장하는 쪽이 이남과 이북에서 갈수록 목소리를 높이고 있었기 때문입니다.

이러다가 두 나라로 쪼개지는 것은 아닐까 하는 우려가 높았습니다.

두 개의 선거법, 그리고 첫 선거

미·소공동위원회가 결렬된 이후 상황은 잘 알려진 대로입니다. 간략하게 설명하면, 미국이 한국 문제를 유엔 총회의 결의에 따르자고 먼저 제안하자, 소련은 이를 거부하고 두 나라 군대를 동시에 철수하자고 주장하였습니다. 유엔이 인구 비례에 입각한 남북한 총선거를 결의하고 선거관리를 맡을 위원회를 구성하자, 소련은 이들이 38도선 이북으로 들어오지 못하게 하였습니다.

운명의 1948년 봄이 되자, 미군정은 선거법을 제정하고 총선 일정을 진행하였어요. 이남의 중도파와 좌파는 물론 우파인 옛 임시정부 인사들도 대부분 선거를 반대하였습니다. 좌파는 선거 방해 운동을 벌였고, 중도파와 우파는 선거 불참을 선언하고 남북 협상을 추진합니다.

> 삼천 만 자매 형제여! 한국이 있고야 한국 사람이 있고, 한국 사람이 있고야 민주주의도 공산주의도 또 무슨 단체도 있을 수 있는 것이다. 그러면 우리의 자주독립적 통일 정부를 수립하려 하는 이때에 있어서 어찌 개인이나 자기의 집단의 사리사욕을 탐하여 국가 민족의 백년 대계를 그르칠 자가 있으랴……. 마음속에 38선이 무너지고야 땅 위에 38선도 철폐될 수 있다.
>
> — 김구, 〈삼천 만 동포에게 읍고함〉, 1948.

한번은 읽어 보았을 유명한 이 글이 이 무렵 발표되었어요. 평생 독립운동을 하였던 김구로서는 울고 싶은 심정이었을 것이며, 이 글을 읽고 눈물 흘린 이도 많았을 것입니다.

사실 미군정으로서는 선거를 제대로 치를 수 있을지, 선거를 통해 구성한 국회나 정부가 국민의 지지를 받을 수 있을지 걱정하였습니다. 그러나 한민당과 이승만 진영은 서둘러 선거를 치러야 나라를 안정시킬 수 있다고 주장합니다.

"단독 정부를 하자는 게 아니다."
"먼저 남한 정부를 구성한 뒤, 국제적 발언권을 얻어 이북의 소련을 물러나게 하고, 이남 정부를 통일 정부로 만들려는 것이다."

그들도 통일 정부를 주장하였어요. 그러나 통일을 위해서라도 단독 정부가 필요하다면서, 선거에 반대하는 이들을 죄다 '빨갱이'로 몰아붙였습니다. 심지어 평생을 반공주의자로 살아온 김구에게조차 '소련의 앞잡이'라고 비난을 퍼부었어요.

국민 다수가 이들의 주장을 온전히 받아들이지는 않았어요. 통일을 위해서는 분단이 필요하다는 논리를 받아들이기도 어려웠고, 단독 정부를 주장하는 이들 중 상당수가 친일 청산과 토지 개혁도 반대하였으니까요. 그래서 막상 선거가 치러지면 단독 정부를 주장하는 세력이 이긴다는 보장도 없었어요.

그런데 단독 정부를 주장하는 세력은 선거에서 승리해야만 권력을 쥐게 된다는 것을 누구보다 잘 알았어요. 그래서 이들은 선거법을 유리하게 만들고자 애썼지요.[4]

"23세부터 투표권을 준다."
"투표는 지지자의 이름을 쓰는 방식으로 치른다."
"특별 선거구를 두어 해방 이후 월남한 사람이 이북 지역 국민을 대표하도록 한다."

과도입법의원에서 만든 선거법의 일부인데요, 단독 정부를 주장하는 세력은 처음에는 25세 이상에게만 선거권을 주려고 했답니다. 젊은 층과 글을 잘 모르는 농민, 노동자의 선거 참여를 제한하고, 반공 성향의 이북 출신에게 국회 의석을 상당수 배분할 요량이었지요.

속내를 아는 이들은 "참 질린다, 뻔뻔하다."라거나, "언급할 가치도 없다."라면서 평가절하하였어요. 미군정조차 이대로는 안 되겠다고 생각했지요.

미군정과 유엔 한국위원회는 이 법안을 대폭 수정한 새로운 선거법을 만들었어요. 23세는 21세로, 이름 쓰기가 아니라 동그라미 표시하기로 바꾸었고, 특별 선거구는 폐지하였어요. 그리고 원래의 법에는 유명무실하던 민족 반역자의 선거권을 제한하는 내용도 포함시켰습니다.

그러나 이때 결정된 선거법에도 단독 정부를 주장하는 세력이 꼭 넣고 싶었던 중요한 조항이 하나 살아남았어요. 바로 한 선거구에서 한 명만 뽑는 소선거구제로 모든 국회의원을 뽑는 방법이었어요. 소선거구제는 본질적으로 거대 정당과 지역 토호에게 유리하였습니다.

따라서 이 제도는 사실 국민의 의사를 왜곡할 수 있다는 단점이 있었어요.

우리 남조선은 인구 1,900만. 그중에서 우리 국회의원 198명의 득표수를 조사하여 보면 유권자 813만 2,517명 중 겨우 336만 2,862명에 불과하고, 낙선 입후보자에 대한 투표, 즉 사표가 476만 9,655명의 다수…….

— 제헌 국회 속기록

제헌 국회 속기록을 읽다 보니 이런 부분이 있더라고요. 원천적으로 국회가 국민 중 소수의 의견을 반영하는 꼴이지요. 그래서 대의정치를 민주적으로 운영하는 나라에서는 지역구 의원 말고도 비례 대표를 일정 비율로 배정하며, 중·대선거구제를 적절히 활용하고, 소선거구제를 하더라도 결선 투표제를 운영하는 등 보완 장치를 마련하는 것 아닐까요?

그런데 1948년 5월 10일 치러진 첫 선거는 모든 국회의원을 지역구에서 선출하였으며, 지역구에서 1등한 사람만 국회의원이 될 수 있었습니다.

자, 그러면 이렇게 해서 치러진 선거 결과는 어떠하였을까요?

헌법을 만들다

1948년 5월 10일 치러진 선거에서 모두 198명의 국회의원이 당선되었습니다. 예상 밖으로 무소속이 가장 많이 당선되었습니다.

하지만 그 무소속 의원 중 상당수는 한민당 계열이었어요. 한민당에 대한 여론이 그리 좋지 않아서, 많은 사람이 무소속으로 출마하였거든요. 사실상 선거의 최대 승리자는 한민당이었어요.

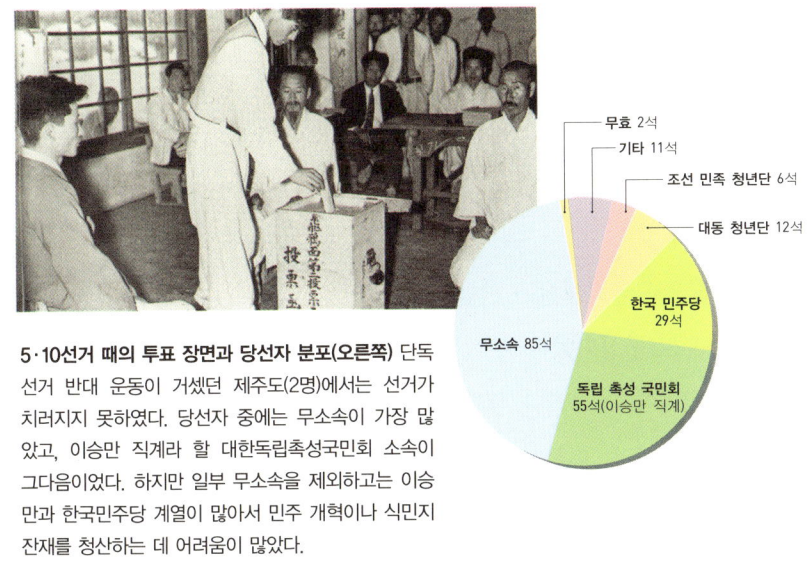

5·10선거 때의 투표 장면과 당선자 분포(오른쪽) 단독 선거 반대 운동이 거셌던 제주도(2명)에서는 선거가 치러지지 못하였다. 당선자 중에는 무소속이 가장 많았고, 이승만 직계라 할 대한독립촉성국민회 소속이 그다음이었다. 하지만 일부 무소속을 제외하고는 이승만과 한국민주당 계열이 많아서 민주 개혁이나 식민지 잔재를 청산하는 데 어려움이 많았다.

　결과적으로 일찍부터 단독 정부 수립을 주장하였던 우파 일부가 국회를 주도하게 됩니다. 당연히 헌법 제정이나 첫 정부가 추진할 정책도 이들의 영향을 많이 받았겠지요.

　1948년 5월 31일 국회가 열렸어요. 역사상 최초로 구성된 이 국회는 헌법 제정을 핵심 과제로 하였다는 점에서 제헌 국회라 부릅니다. 제헌 국회가 열리던 날, 국회 의장으로 선출된 이승만의 연설을 들어 보시죠. 그는 감개무량한 목소리로 다음과 같이 연설하였지요.

　이 민국은 기미 3월 1일에 우리 13도 대표들이 서울에 모여서 국민대회를 열고 대한 독립 민주국임을 세계에 공포하고 임시정부를 건설하여 민주주의 기초를 세운 것입니다······ 오늘 여기서 열리는 국회는 즉 국민대회의 계승이오, 이 국회에서 건설되는 정부는 즉 기미년 서울에서 수립된 민국 임시정부의 계승이니, 이날이 29년 만의 민국의 부활······.

―《서울신문》, 1948. 6. 1.

6월 2일 국회에서는 헌법 제정을 맡을 위원회를 구성합니다. 모두 30명으로 구성되었는데, 이북과 달리 이남에서는 도별로 추천받은 사람들이었어요. 그러나 각계각층의 추천을 받았다는 이북과 결과는 비슷하였습니다. 이북은 노동당 소속이 많았고, 이남은 한민당과 이승만 계열이 많았거든요.

이후 20여 일 동안 헌법 초안을 만들기 위한 토론이 치열했어요. 우리가 오늘날 당위처럼 받아들이는 사실 중에는 이때 정해진 것이 많아요. 심지어 나라 이름조차.

기초위원회에서도, 국회 본회의에서도 나라 이름을 결정하기 위한 토론이 치열하였어요. 표결도 이루어졌어요. 대한민국은 고려공화국, 조선공화국, 한국 등의 국호와 경쟁하였습니다.

왕실이 열렬히 독립운동에 가담하였다면, 군주제를 주장하는 사람이 있었으려나요? 그러나 그렇지 않았기에, 해방된 나라에서 고종의 후손을 불러다 왕으로 삼고 입헌군주제로 국가를 운영하자고 주장한 사람은 없었어요. 다만 민주공화국의 형태를 어떻게 할지는 논쟁거리였어요. 대통령을 둘지 말지, 권력의 중심을 대통령과 의회 어느 쪽에 둘지 등은 마지막 순간까지 격렬한 토론을 거쳤습니다.

이북에서 전 인민적 토론이 진행되었으나 초안이 거의 수정되지 않앉잖아요. 그런데 이남에서는 주요 쟁점마다 토론이 치열하였고, 최초 초안의 여러 곳이 수정되었어요.

초안을 만들어 논의를 주도한 이는 한민당에서 추천한 법학자 유진오였어요. 초안에는 한민당의 입장이 많이 반영되었겠지요. 일부 무소속 의원이 이 초안에 대해 공세적으로 문제를 제기합니다. 무소속 의원 중에는 한민당 계열 외에도 임시정부 계열이나 좌파, 중도파 인사도 제법 있었는데, 바로 그들이었어요.

그들은 대체로 선거에 불참하였습니다. 그러나 "단독 정부가 옳지는 않지만, 우파가 단독으로 헌법을 만들고 나라를 멋대로 운영하도록 두어서는 안 된다."라며 무소속으로 출마한 이도 제법 있었거든요. 이들이 초안 여러 곳을 수정하고 보완하였지요.

그러나 논의를 주도한 세력은 역시 한민당과 이승만 계열이었어요. 이들은 초안에 있던 고문 금지 규정을 삭제하고, 토지 개혁과 친일파 청산과 관련된 조항에 영향을 미쳤습니다. 이승만은 정부 형태를 내각 책임제에서 대통령제로 바꾸는 데 결정적인 영향을 미쳤지요.

1948년 6월 23일 헌법기초위원회가 합의한 초안이 국회 본회의에 제출됩니다. 이로부터 또 20여 일 동안 국회 본회의 심의가 진행되었어요. 토론은 치열하였지만, 초안은 거의 바뀌지 않았습니다. 해방 3주년인 1948년 8월 15일에 정부를 출범시키자며 서둘러 논란을 끝냈거든요.

1948년 7월 12일 모든 토론이 종결되었고, 7월 17일에 헌법이 공식적으로 공포되었어요. 드디어 그 헌법을 같이 읽을 시간이 되었군요.

대한민국은 민주공화국이다

1948년 7월 17일에 공포된 대한민국 헌법은 다음과 같이 시작합니다.

제1조 대한민국은 민주공화국이다.
제2조 대한민국의 주권은 국민에게 있고 모든 권력은 국민으로부터 나온다.
제5조 대한민국은 정치, 경제, 사회, 문화의 모든 영역에 있어서 각인의 자유, 평등과 창의를 존중하고 보장하며 공공복리의 향상을 위하여 이를 보호하고 조정하는 의무를 진다.

제1조와 제2조는 나라 이름이 대한민국이란 사실과 그 나라가 군주국이 아니라 민주적인 공화국이란 사실을 설명하였고, 제5조에 민주공화국이란 말에 담긴 뜻을 설명하였어요.

> 이 헌법의 기본 정신은 정치적 민주주의와 경제적·사회적 민주주의와의 조화를 꾀할려고 하는 데 있다고 말씀할 수 있겠습니다. 다시 말씀하면 불란서 혁명이라든가 미국의 독립 시대로부터 민주주의의 근원이 되어 온 모든 사람의 자유와 평등과 권리를 위하고 존중하는 동시에 경제 균등을 실현해 볼라고 하는 것이 이 헌법의 기본 정신이라고 말할 수 있읍니다…… 제1조에서 제5조는 그런 기본 정신을 말한 것입니다.
>
> ─ 제헌 국회 속기록

헌법의 초안을 만든 유진오가 국회에서 설명한 내용을 그대로 옮겼어요. 지금과 다른 맞춤법도 눈에 띕니다.

대한제국 헌법이라 할 〈대한국 국제〉가 황제권만 규정한 것과 달리, 대한민국 헌법은 국민이 누릴 권리와 국가가 국민을 위해 해야 할 역할을 규정한 권리장전의 성격이 두드러졌어요. 권력 구조 앞에 기본권을 규정한 장을 두었고, 별도로 경제에 관한 장을 두어 국가가 균등 사회 실현을 위해 노력하겠다는 취지를 분명히 한 것이지요. 충분하지는 못하였지만, 토지 개혁과 친일 청산에 관련된 조항도 있어요.

결과적으로 분단 정부가 된 아쉬움이 매우 크지만, 대한민국의 탄생은 소중한 역사적 성취입니다. 대한민국이 민주공화국이며, 모두가 함께 잘사는 나라를 국가 목표로 설정한 사실은 몇 해 전만 해도 상상하기 어려운 일이었지요.

국민이 국가를 위해 존재하지 않고, 국가가 국민을 위해 존재한다는 것을 분명히 한 국민의 국가가 탄생한 것입니다. 그래서 헌법의 몇 조항은 꼭 다시 언급하고 싶어요.

제18조 …… 영리를 목적으로 하는 사기업에 있어서는 근로자는 법률의 정하는 바에 의하여 이익의 분배에 균점할 권리가 있다.

제19조 노령, 질병 기타 근로 능력의 상실로 인하여 생활 유지의 능력이 없는 자는 법률의 정하는 바에 의하여 국가의 보호를 받는다.

제84조 대한민국의 경제 질서는 모든 국민에게 생활의 기본적 수요를 충족할 수 있게 하는 사회 정의의 실현과 균형 있는 국민 경제의 발전을 기함을 기본으로 삼는다. 각인의 경제상 자유는 이 한계

내에서 보장된다.

제87조 중요한 운수, 통신, 금융, 보험, 전기, 수리, 수도, 가스 및 공공성을 가진 기업은 국영 또는 공영으로 한다.

1948년 8월 15일 이승만을 대통령으로 하는 대한민국 정부가 공식적으로 출범하였습니다. 그러고 나서 그해 겨울 열린 유엔 총회에서는 다음과 같이 대한민국 정부를 승인하였습니다.

> 유엔 한국 임시위원단이 총선거와 감시와 협의를 할 수 있었던 남한 지역에서 효과적으로 통제 및 사법권을 보유한 합법 정부가 수립되었으며, 이 정부는 선거가 가능하였던 한반도 내에서 유일한 합법 정부임을 승인한다.

— 제3차 유엔 총회 결의안, 1948. 12. 2.[5]

대한민국과 조선 민주주의 인민공화국

이남에서 선거가 진행되자, 이북은 나라의 분단을 가져올 것이라며 거세게 비판하였어요. 그러나 이북 역시 분단 정부를 준비하였지요. 사실 헌법만 가지고 이야기하면 이북이 이남보다 먼저 진행되었지요. 이남에서 선거를 치르고 국회를 공식적으로 구성하자, 이북도 서둘러 같은 일을 추진하였습니다. 이남에서 대한민국 정부 수립이 선포된 지 20여 일이 지난 1948년 9월 8일, 이북에서도 헌법을 공식적으로 채택하였습니다.

그 헌법도 조금 살펴볼까요.

제1조 우리나라는 조선 민주주의 인민공화국이다.
제2조 조선 민주주의 인민공화국의 주권은 인민에게 있다.
제5조 조선 민주주의 인민공화국의 생산 수단은 국가 협동단체 또는 개인 자연인이나 개인 법인의 소유다.
제6조 전 일본 국가와 일본인의 소유 토지 및 조선인 지주의 소유 토지는 몰수한다. 소작 제도는 영원히 폐지한다.

— 조선 민주주의 인민공화국 헌법, 1948.

나라 이름은 조선이고, 국민이라는 말 대신 인민으로 표현되었군요. 이남의 민국이 공화국을 뜻한 것처럼, 이북도 공화국 체제를 갖추었어요. 다만 이북의 공화국은 일부 '반민주 계급'을 미리 배제하고, 사회주의자 주도로 여러 계급이 연합하는 인민공화국 형태를 띠었지요.

1948년 9월 9일 헌법에 따라 정부가 구성되고, 김일성을 수상으로 하는 조선 민주주의 인민공화국이 공식적으로 출범하였습니다.

김일성은 이북의 정권이 한반도 전체 인민을 대표한다고 주장하였어요. 정부나 의회에는 이남 출신도 제법 많았고, 이들을 선출하기 위한 투표가 이남에서도 이루어졌다고 주장하였지요.

물론 이남에서는 이를 인정하지 않았어요. 이남에서는 소련의 사주를 받은 공산주의자들이 국제 연합 유엔의 결의를 거부하여 통일 선거를 치르지 못하였다고 주장하였습니다. 이북이 동의한다면 바로 선거를 치르겠다며, 100석의 국회 의석을 이북 대표 자리로 비워둔 채 국회를 운영하였어요.

어쨌거나 영토는 하나인데 두 개의 정부가 성립되어 저마다 중앙 정부를 자처하였어요. 그 사연이 헌법에 이렇게 나타난 것입니다.

대한민국의 영토는 한반도와 그 부속 도서로 한다.

―대한민국 헌법 제4조

조선 민주주의 인민공화국의 수부는 서울시다.

―조선 민주주의 인민공화국 헌법 제103조

이남 헌법 4조를 보면, 38도선 이북이 다 대한민국 영토로 간주됩니다. 이북 헌법 103조는 어떤가요? 실제로 평양이 수도처럼 운영되고 수도는 언제라도 바뀔 수 있는데도 불구하고, 헌법에 서울을 수도라 규정하였습니다. 이북은 이남을 인민공화국의 일부라 간주한 것이죠.

이 밖에도 1948년의 두 헌법은 비슷한 점이 많았어요. 남북 모두 국민·인민을 나라의 주인으로 삼고, 국민·인민의 권리 보장을 최고의 임무로 하는 공화국이었지요. 이남 헌법이 자유 경제를 주장하면서도 국가의 역할을 강조하고, 이북에서는 사회주의를 지향하면서도 자본주의 경제 요소를 두루 인정한 것도 눈길을 끌어요.

1948년 여름, 꿈에도 그리던 독립을 성취하였습니다.

사상 처음으로 제대로 된 선거를 치렀고, 국민이 뽑은 대표가 헌법을 만들었습니다.

그 헌법은 국민이 나라의 주인이며, 나라는 국민의 안전과 자유와 행복을 증진하기 위해 존재한다고 천명하였습니다.

마침내 민주공화국이 우리의 현실이 되었습니다. 분단이 가져다줄 가혹한 미래가 기다리고 있었으나, 민주공화국을 설레는 마음으로 바라보는 이들도 적지 않았습니다.

에필로그

1948년, 대한민국은 어떤 나라인가?

"대한민국은 어떤 나라일까?"

필자는 이 책을 쓰기 시작하면서부터 지금 이 순간까지 이 질문을 날카롭게 의식하였습니다. 여기까지 함께한 독자들이 그런 필자의 마음을 눈치챘다면 큰 기쁨입니다.

그래서 한 번 더 질문해 보겠습니다.

"대한민국은 어떤 나라일까요?"

'대한민국은 어떤 나라인가?'라는 질문을 '대한민국의 정체성은 무엇인가?'라고 던지는 사람도 있습니다. '정체성'이란 말이 어려운 데다, 이렇게 질문을 던지는 사람들이 종종 '아무개는 대한민국의 정체성을 훼손한다.'라는 식으로 써서 낯설게 느껴지지만 말입니다.

아무개는 어떤 사람이냐고 묻는다면, 사람들은 그가 언제, 어디서 태어났는지 이야기한 뒤, 그가 지금까지 살아오면서 이룩한 바를 설명할 것입니다. 한 나라에 대한 설명은 그보다 더 어렵고 복잡하겠지요. 한 나라에는 수많은 사람이 살고, 그 많은 사람 중에는 단 한 쌍도 같은 사람이 없기 때문입니다.

 그렇다면 국가 정체성이란 말은 그 많은 사람들의 차이가 조정되어 도달한 합의 같은 것으로 이해할 수 있을 텐데요, 굳이 대한민국의 정체성이란 말을 쓰겠다면 이 같은 명시적 합의를 가리키는 말로 의미를 좁혀 써야 할 것입니다.

 수천만의 사람이 있으면, 그만큼의 생각이 있으며, 그 당연한 차이를 인정한 바탕 위에서 합의를 도출하는 과정이 곧 정치일 것입니다. 그리고 그 정치의 최정점에는 헌법이 있을 것입니다. 그래서 국가 정체성이란 말은 바로 그 합의의 정점에 있는 헌법을 염두에 두어야 하며, 그 합의는 또 언제든 바뀔 수 있다는 점도 염두에 두어야 할 것입니다.

> 유구한 역사와 전통에 빛나는 우리들 대한 국민은 기미 3·1운동으로 대한민국을 건립하여 세계에 선포한 위대한 독립 정신을 계승하여 이제 민주 독립국가를 재건함에 있어서
> 정의인도와 동포애로써 민족의 단결을 공고히 하며 모든 사회적 폐습을 타파하고 민주주의 제제도를 수립하여 정치, 경제, 사회, 문화의 모든 영역에 있어서 각인의 기회를 균등히 하고 능력을 최고도로 발휘케 하며 각인의 책임과 의무를 완수케 하여
> 안으로는 국민 생활의 균등한 향상을 기하고 밖으로는 항구적인 국제

평화의 유지에 노력하여 우리들과 우리들의 자손의 안전과 자유와 행복을 영원히 확보할 것을 결의하고
우리들의 정당 또한 자유로이 선거된 대표로서 구성된 국회에서 단기 4281년 7월 12일 이 헌법을 제정한다.

― 대한민국 헌법 전문. 1948. 7. 17.

이 대한민국 헌법 전문은 본래 한 문장으로 되어 있는데, 조금 따져 읽으려고 일부러 문장을 끊어 보았습니다. 이 긴 문장의 주어와 동사를 찾아보죠. 주어는 '대한 국민'입니다.

그럼 동사는? '헌법을 제정한다.'입니다.

그러니까 헌법 전문은 이하에 나올 106개 조항을 누가 어떤 정신으로 만들었는지 보여 주는 글입니다. 이를테면 헌법의 민주적 정당성을 이런 식으로 설명한 것입니다.

가장 핵심은 바로 "우리들 대한 국민이 선출한 대표가 이 헌법을 제정하였다."라는 부분이겠지요. '대한민국은 민주공화국'이란 헌법 제1조, "주권은 국민에게 있고, 모든 권력은 국민으로부터 나온다."라는 헌법 제2조로 구현되었습니다.

그래서 대한민국이 어떤 나라냐고 누가 묻는다면, "대한민국은 민주공화국이다."라고 가장 먼저 답해야 할 것입니다.

국가 질서는 국민이 만들었습니다. 그러니까 국민은 자신들의 안전과 자유와 행복을 보장하기 위해 국가를 구성한 것입니다. 그래서 대한민국이 어떤 나라냐고 묻는다면, 나라의 주인인 대한 국민이 국가

를 구성하여 국가 구성원이 함께 추구할 가치가 무엇인지를 살피는 데서 출발해야 할 것입니다.

그러니 다시 한 번 헌법 전문을 읽겠습니다. 헌법에는 국가가 존재해야 할 이유를 "우리들과 우리들의 자손의 안전과 자유와 행복을 영원히 확보할 것"에 두었습니다. 이를 위해 다음 두 차원에서 국가가 해야 할 적극적인 역할을 정의하였습니다.

"…… 안으로는 국민 생활의 균등한 향상을 기하고 밖으로는 항구적인 국제 평화의 유지에 노력하여……."

헌법은 모든 국민이 균등하게 생활을 향상시킬 수 있도록 국가가 적극적인 역할을 하겠다고 약속하였습니다. 또한 외국을 침략하지 않는 것은 물론 외세의 침략으로부터 국민의 안전을 지키겠다고 약속하였습니다.

"대한민국은 어떤 나라냐?"라고 누가 묻는다면, "국가가 국민의 안전을 보장하고 균등 사회를 실현하겠다는 목표를 가진 나라"라고 대답해야 할 것입니다.

삼균주의란 말 기억하죠? 조소앙의 사상이면서 한국독립당의 정강(政綱)이지만, 대한민국 임시정부가 이를 근거로 국가 구상을 구체화하였잖아요. 남조선 과도 입법의원에서 만들었던 임시 약헌의 일부 조항을 소개한 것은 기억하나요? 다음 조항들…….

제4조   조선의 국민은 다음에 열거할 정책의 확립에 의하야 생활 균등권을 향유함.

제5조   조선국민은 다음에 열거할 정책의 확립에 의하야 문화와 복지의 균등권을 향유함.

1948년 헌법은 이 같은 국가 구상들의 연속선에 존재하였어요. 그래서 기억을 되살려 본 것입니다.

1948년 당시 많은 사람이 '균등 사회'란 화두를 떠안았습니다. 좌파는 물론이고 우파 역시 이 말을 자신의 것으로 삼았습니다.

이 균등 사회를 실현하기 위해 국가가 해야 할 가장 중요한 일을 헌법 전문에서는 다음과 같이 제시하고 있습니다.

"정의 인도와 동포애로써 민족의 단결을 공고히 하며 모든 사회적 폐습을 타파하고 민주주의 제제도를 수립하여 정치, 경제, 사회, 문화의 모든 영역에 있어서 각인의 기회를 균등히 하고 능력을 최고도로 발휘케 하며 각인의 책임과 의무를 완수케 하여"

국가가 해야 할 가장 중요한 과업은 '민족 단결을 위해 노력한다.'라는 것이었군요. 분단 상태를 극복하여 통일을 성취하는 것을 국가 제일의 과제로 삼은 것이지요. 두 번째 중요한 과제는 모든 사람에게 평등한 조건을 제공하기 위해 민주 개혁을 철저히 수행하는 것이었어요.

그러니까 누가 여러분에게 "대한민국은 어떤 나라냐?" 하고 묻는다면, 이렇게 대답할 수 있겠지요. 적어도 헌법에 따르면, "대한민국은 민족 단결과 민주 개혁을 가장 중요한 실천 과제로 여기는 나라다."라고요. 그렇기에 만일 국가가 실제로 이런 일을 하지 않거나, 이런 일을 등한시할 경우 국민은 그것을 국가에 요구할 권리가 있다는 것입니다.

헌법 전문은 이외에도 중요한 구절이 또 있습니다. 맨 첫머리, 이 책에서도 몇 번 읽은 적이 있는 구절로 다시 읽겠습니다.

"유구한 역사와 전통에 빛나는 우리들 대한 국민은 기미 3·1운동으로 대한민국을 건립하여 세계에 선포한 위대한 독립 정신을 계승하여 이제 민주 독립국가를 재건함에 있어서……"

1948년의 대한민국은 3·1운동 과정에서 건립한 임시정부를 재건하였으니, 역사적인 정통성을 갖추었다는 진술입니다. 이 진술이 오늘날 헌법으로 이어져 대한민국은 임시정부의 법통을 이어받았다고 표현되기에 이릅니다.

초대 대통령은 대한민국 임시정부의 임시 대통령 이승만이었습니다. 이승만이 제헌 국회 초대 의장으로 선출된 뒤 연설하였던 내용을 기억하나요? "대한민국은 1919년의 민국을 재건하였다."라는…….

헌법 전문의 이러한 진술은 사실상 이 연설의 연장선에서 만들어졌어요. 그러니까 "대한민국은 어떤 나라냐?" 하고 누가 묻는다면, 적어도 헌법에 따르면 "대한민국은 임시정부를 계승한 나라다."라고 대답해야 합니다.

그런데 이렇게 말하면 화를 내는 사람이 있겠지요. 바로 김구입니다. 그는 이승만 정권과 임시정부는 아무런 관계가 없다고 여러 차례 이야기하였어요. 심지어 국제 연합에 자신이 이끄는 대한민국 임시정부를 정식 정부로 승인해 달라고 요구하기도 하였습니다. 1948년 8월 13일에 말입니다.

그럼 앞서 언급한 부분을 어떻게 읽어야 할까요? '대한민국은 3·1 운동의 위대한 독립정신을 바탕으로 수립되었다.' 이렇게 읽을 수 있겠군요. 그러니 '민족 반역자를 처단하고 독립 유공자를 우대하고 그 뜻을 기리는 국가다.'라는 점까지는 분명하겠지요.

이제 어렵고 복잡한 문제 하나가 남았군요. 요즘 종종 언급되는 대한민국의 정통성과 관련된 문제입니다.

정통성이란 말은 자주 사용되는 데 비해, 분명히 정의되지 않고 쓰이는 말 중 하나입니다. 그래서 정통성이라는 말의 의미를 정의하고 시작할까 합니다.

정통성은 "독립운동가들이 해방 조국을 이끌거나 민족 반역자들이 권력에서 배제될 때 권력은 정통성을 갖추었다."라는 말처럼, 권력 뿌리의 정당성을 가리키는 말입니다.

이승만의 말을 따르면 대한민국은 정통성 있는 정부이며, 김구의 말을 따르면 정통성이 없는 정부입니다. 도대체 누구의 말이 맞는 것일까요?

둘 다 맞는 말입니다. 다만 이승만이 계승하였다는 임시정부와, 김구가 계승하지 못하였다는 임시정부는 달랐습니다. 아시죠? 이승만이 국회가 열리던 날 연설한 내용에 나오는 임시정부는 조선공화국이란 이름을 가졌던 한성 정부였습니다. 그리고 김구가 말한 임시정부는 여러 곳에서 만들어진 임시정부를 대통합하여 1945년까지 활동하였던, 우리가 아는 바로 그 임시정부를 가리킵니다.

그런데 한성 정부는 실제로 활동한 바가 없는 정부였고, 통합 임시정부 역시 독립운동 세력을 모두 아우르지 못한 한계를 가졌습니다. 그래서 두 사람 말이 틀리지 않았다 해도, 그들 두 사람이 독립운동을 대표할 수는 없다는 이야기입니다.

두 사람이 잘 상의하고, 두 사람으로 대표되는 세력이 잘 어우러져서 대한민국 국회를 구성하고 정부를 구성하였다면 어떻게 되었을까요? 그렇다면 대한민국은 임시정부를 재건하였다거나 임시정부의 법통을 이어받았다는 말이 성립되겠지요. 물론 그렇다 해도 나라 안팎의 독립운동 세력을 모두 아우르는 것은 아니겠지만 말입니다.

그래서 말인데요, 아예 무엇을 계승하였으니 정통성을 갖추었다는 식으로 말하지 않는 건 어떨까요? 누구에게 단일한 정통성을 부여하기 위해 결과적으로 다른 사람의 정통성을 부인해 버리는 일을 피하면 안 될까요? 사실 부모 형제 가슴에 못 박고, 처자식 굶겨 가면서 독립을 위해 몸 바쳤다면, 그가 임시 대통령이었든 이름 없는 독립군 병사였든 다 소중한 존재 아니었을까요? 그들 모두가 조금씩 정통성을 나누어 갖는 것은 아니었을까요?

친일 민족 반역자가 아닌 한 새 나라를 이끌 수 있는 자격은 있을 것 같아요. 적어도 국민이 주인인 국가라면 그 국민을 배신하고 국민을 죽음의 구렁텅이로 밀어 넣으려던 자들은 배제해야지요. 적어도

1948년 한 번은 그것이 옳았을 것입니다.

그런 자들을 제외하고 국민의 선택에 맡기는 것이 옳을 것입니다. 진심을 다해 살았다면 국민이 그렇게 평가해 줄 것이고, 조금 부족한 점이 있었다면 또 그런 대로 평가하지 않을까요? 설혹 본인 생각에 미진하게 평가받았다 해도 그것은 어쩔 수 없는 일입니다. 왜? 바로 국가의 주인은 국민이기 때문입니다.

어떤 임시정부를 계승하였는가가 아니라, '위대한 독립정신'을 계승하였다고 이해하는 것이 옳다는 말처럼, 정통성보다 더 중요한 개념이 있을 수 있습니다. 바로 민주적 정당성의 문제입니다.

누군가 국가의 이름으로 국민에게 명령할 수 있다면, 그것은 바로 권력이 정당하게 구성되었기 때문일 것입니다. 권력의 뿌리도 정당해야 할 것입니다. 하지만 정통성이 있더라도 국민에 의해 선출되는 절차를 거쳐야 하며, 국민이 진정 원하는 바를 실천하려는 의지로 묶여 있어야 할 것입니다. 그러할 때 그 권력은 정당성을 갖추었다고 할 수 있을 것입니다.

전혀 바람직하지 않고 가능하지도 않지만, 독립운동에 참가하였던 이들이 죄다 불참하여도, 선거가 자유롭고 정당하게 치러졌다면 국가는 정당하게 구성되었다고 할 수 있습니다. 다만 그런 정부는 정통성이 매우 취약하기 때문에, 민주공화국의 본질에 맞게 국가를 더 잘 운영하지 않으면 바로 허물어지겠지만 말입니다.

그런 점에서 대한민국은 정당하게 구성되었으나, 취약한 정통성을 보완해야 할 과제를 처음부터 안고 태어났습니다. 헌법 전문에 "우리들의 정당 또 자유로히 선거된 대표로서 구성된 국회에서" 헌법을 제정하였음을 천명하고, 민족 단결과 민주 개혁을 국가의 가장 중요한 과업으로 명시한 것은 이런 연유에서겠지요.

1948년 가을, 한반도에는 꿈에도 그리던 민주 독립국가가 탄생하였습니다. 그것은 일제의 패망이 가져온 선물이었으나, 그것은 또한 일제에 맞서 조국을 되찾으려는 치열한 투쟁의 산물이었습니다. 헤아릴 수 없을 만큼 많은 분들이 나라 안팎에서 치열하게 싸웠고, 이것은 일제를 패망시키는 데 나름의 몫을 하였습니다.

우리 민족은 일제에 주권을 빼앗기는 과정에서 민주공화국이야말로 국권을 지킬 수 있는 최선의 길이란 사실을 알았습니다. 빼앗긴 나라를 되찾기 위해 치열하게 싸우면서, 우리 민족은 독립된 나라는 제국이 아니라 민주공화국이어야 한다는 데 합의하였습니다. 그리고 우리에게 어울리는 민주공화국은 어떠해야 하는지 열심히 공부하고 치열하게 토론하였습니다.

'조선적 민주주의', 사람들은 이 말을 만들어 냈고, 조선적 민주주의를 실현하기 위한 다양한 방안을 마련하였습니다. 일제를 물리치기 위한 계획도 구체적이었고, 일제를 물리친 뒤 새로운 국가를 만들어 가기 위한 방안도 준비되어 있었습니다.

독립이 분단으로 이어진 기막힌 일을 당하였지만, 남과 북에서는 민주공화국을 원칙으로 하는 국민의 국가를 만들어 냈고, 국민의 뜻에 부합하는 국가를 만들기 위한 여러 정책을 현실에서 펼쳤습니다.

분단은 가늠하기 어려울 정도의 가혹한 시련으로 또 다가올 것입니다. 그러나 새롭게 시작될 대한민국의 역사는, 오랜 세월의 탐색과 실천 속에서 성취한 민주공화국을 공고히 하며, 시련을 슬기롭게 극복하기 위한 지혜를 모으고 실천하는 과정이 될 것입니다.

비록 큰 고통과 시행착오를 겪겠지만, 고난의 역사 속에서 민주공화국을 일군 경험과 지혜가 새로운 역사를 만드는 밑거름이 될 테니까요.

대한민국 헌법

제헌 헌법(1948. 7. 17. 시행)

전문

유구한 역사와 전통에 빛나는 우리들 대한국민은 기미 삼일운동으로 대한민국을 건립하여 세계에 선포한 위대한 독립정신을 계승하여 이제 민주독립국가를 재건함에 있어서 정의인도와 동포애로써 민족의 단결을 공고히 하며 모든 사회적 폐습을 타파하고 민주주의제제도를 수립하여 정치, 경제, 사회, 문화의 모든 영역에 있어서 각인의 기회를 균등히 하고 능력을 최고도로 발휘케 하며 각인의 책임과 의무를 완수케 하여 안으로는 국민생활의 균등한 향상을 기하고 밖으로는 항구적인 국제평화의 유지에 노력하여 우리들과 우리들의 자손의 안전과 자유와 행복을 영원히 확보할 것을 결의하고 우리들의 정당 또 자유로히 선거된 대표로서 구성된 국회에서 단기 4281년 7월 12일 이 헌법을 제정한다.

제1장 총강

제1조 대한민국은 민주공화국이다.
제2조 대한민국의 주권은 국민에게 있고 모든 권력은 국민으로부터 나온다.
제3조 대한민국의 국민되는 요건은 법률로써 정한다.
제4조 대한민국의 영토는 한반도와 그 부속도서로 한다.
제5조 대한민국은 정치, 경제, 사회, 문화의 모든 영역에 있어서 각인의 자유, 평등과 창의를 존중하고 보장하며 공공복리의 향상을 위하여 이를 보호하고 조정하는 의무를 진다.
제6조 대한민국은 모든 침략적인 전쟁을 부인한다. 국군은 국토방위의 신성한 의무를 수행함을 사명으로 한다.

제7조　비준공포된 국제조약과 일반적으로 승인된 국제법규는 국내법과 동일한 효력을 가진다.

외국인의 법적 지위는 국제법과 국제조약의 범위 내에서 보장된다.

제2장 국민의 권리의무

제8조　모든 국민은 법률앞에 평등이며 성별, 신앙 또는 사회적 신분에 의하여 정치적, 경제적, 사회적 생활의 모든 영역에 있어서 차별을 받지 아니한다.

사회적 특수계급의 제도는 일체 인정되지 아니하며 여하한 형태로도 이를 창설하지 못한다.

훈장과 기타 영전의 수여는 오로지 그 받은 자의 영예에 한한 것이며 여하한 특권도 창설되지 아니한다.

제9조　모든 국민은 신체의 자유를 가진다. 법률에 의하지 아니하고는 체포, 구금, 수색, 심문, 처벌과 강제노역을 받지 아니한다. 체포, 구금, 수색에는 법관의 영장이 있어야 한다. 단, 범죄의 현행·범인의 도피 또는 증거인멸의 염려가 있을 때에는 수사기관은 법률의 정하는 바에 의하여 사후에 영장의 교부를 청구할 수 있다. 누구든지 체포, 구금을 받은 때에는 즉시 변호인의 조력을 받을 권리와 그 당부의 심사를 법원에 청구할 권리가 보장된다.

제10조　모든 국민은 법률에 의하지 아니하고는 거주와 이전의 자유를 제한받지 아니하며 주거의 침입 또는 수색을 받지 아니한다.

제11조　모든 국민은 법률에 의하지 아니하고는 통신의 비밀을 침해받지 아니한다.

제12조   모든 국민은 신앙과 양심의 자유를 가진다. 국교는 존재하지 아니하며 종교는 정치로부터 분리된다.

제13조   모든 국민은 법률에 의하지 아니하고는 언론, 출판, 집회, 결사의 자유를 제한받지 아니한다.

제14조   모든 국민은 학문과 예술의 자유를 가진다. 저작자, 발명가와 예술가의 권리는 법률로써 보호한다.

제15조   재산권은 보장된다. 그 내용과 한계는 법률로써 정한다. 재산권의 행사는 공공복리에 적합하도록 하여야 한다. 공공필요에 의하여 국민의 재산권을 수용, 사용 또는 제한함은 법률의 정하는 바에 의하여 상당한 보상을 지급함으로써 행한다.

제16조   모든 국민은 균등하게 교육을 받을 권리가 있다. 적어도 초등교육은 의무적이며 무상으로 한다. 모든 교육기관은 국가의 감독을 받으며 교육제도는 법률로써 정한다.

제17조   모든 국민은 근로의 권리와 의무를 가진다. 근로조건의 기준은 법률로써 정한다. 여자와 소년의 근로는 특별한 보호를 받는다.

제18조   근로자의 단결, 단체교섭과 단체행동의 자유는 법률의 범위 내에서 보장된다. 영리를 목적으로 하는 사기업에 있어서는 근로자는 법률의 정하는 바에 의하여 이익의 분배에 균점할 권리가 있다.

제19조   노령, 질병 기타 근로능력의 상실로 인하여 생활유지의 능력이 없는 자는 법률의 정하는 바에 의하여 국가의 보호를 받는다.

제20조   혼인은 남녀동권을 기본으로 하며 혼인의 순결과 가족의 건강은 국가의 특별한 보호를 받는다.

제21조   모든 국민은 국가 각기관에 대하여 문서로써 청원을 할 권리가 있다. 청원에 대하여 국가는 심사할 의무를 진다.

제22조   모든 국민은 법률의 정한 법관에 의하여 법률에 의한 재판을 받을

권리가 있다.

제23조   모든 국민은 행위시의 법률에 의하여 범죄를 구성하지 아니하는 행위에 대하여 소추를 받지 아니하며 또 동일한 범죄에 대하여 두 번 처벌되지 아니한다.

제24조   형사피고인은 상당한 이유가 없는 한 지체 없이 공개재판을 받을 권리가 있다. 형사피고인으로서 구금되었던 자가 무죄판결을 받은 때에는 법률의 정하는 바에 의하여 국가에 대하여 보상을 청구할 수 있다.

제25조   모든 국민은 법률의 정하는 바에 의하여 공무원을 선거할 권리가 있다.

제26조   모든 국민은 법률의 정하는 바에 의하여 공무를 담임할 권리가 있다.

제27조   공무원은 주권을 가진 국민의 수임자이며 언제든지 국민에 대하여 책임을 진다. 국민은 불법행위를 한 공무원의 파면을 청원할 권리가 있다. 공무원의 직무상 불법행위로 인하여 손해를 받은 자는 국가 또는 공공단체에 대하여 배상을 청구할 수 있다. 단, 공무원 자신의 민사상이나 형사상의 책임이 면제되는 것은 아니다.

제28조   국민의 모든 자유와 권리는 헌법에 열거되지 아니한 이유로써 경시되지는 아니한다. 국민의 자유와 권리를 제한하는 법률의 제정은 질서유지와 공공복리를 위하여 필요한 경우에 한한다.

제29조   모든 국민은 법률의 정하는 바에 의하여 납세의 의무를 진다.

제30조   모든 국민은 법률의 정하는 바에 의하여 국토방위의 의무를 진다.

제3장 국회

제31조 입법권은 국회가 행한다.

제32조 국회는 보통, 직접, 평등, 비밀선거에 의하여 공선된 의원으로써 조직한다. 국회의원의 선거에 관한 사항은 법률로써 정한다.

제33조 국회의원의 임기는 4년으로 한다.

제34조 국회의 정기회는 매년 1회 12월 20일에 집회한다. 당해일이 공휴일인 때에는 그 익일에 집회한다.

제35조 임시긴급의 필요가 있을 때에는 대통령 또는 국회의 재적의원 4분지 1 이상의 요구에 의하여 의장은 국회의 임시회의 집회를 공고한다. 국회폐회중에 대통령 또는 부통령의 선거를 행할 사유가 발생한 때에는 국회는 지체 없이 당연히 집회한다.

제36조 국회는 의장 1인, 부의장 2인을 선거한다.

제37조 국회는 헌법 또는 국회법에 특별한 규정이 없는 한 그 재적의원의 과반수의 출석과 출석의원의 과반수로써 의결을 행한다. 의장은 의결에 있어서 표결권을 가지며 가부동수인 경우에는 결정권을 가진다.

제38조 국회의 회의는 공개한다. 단, 국회의 결의에 의하여 비밀회로 할 수 있다.

제39조 국회의원과 정부는 법률안을 제출할 수 있다.

제40조 국회에서 의결된 법률안은 정부로 이송되어 15일 이내에 대통령이 공포한다. 단, 이의가 있는 때에는 대통령은 이의서를 부하여 국회로 환부하고 국회는 재의에 부한다. 재의의 결과 국회의 재적의원 3분지 2 이상의 출석과 출석의원 3분지 2 이상의 찬성으로 전과 동일한 의결을 한 때에는 그 법률안은 법률로써 확정된다. 법률안이 정부로 이송된 후 15일 이내에 공포 또는 환부되지 아니하는 때에도 그 법률

안은 법률로써 확정된다. 대통령은 본조에 의하여 확정된 법률을 지체 없이 공포하여야 한다. 법률은 특별한 규정이 없는 한 공포일로부터 20일을 경과함으로써 효력을 발생한다.

제41조 국회는 예산안을 심의결정한다

제42조 국회는 국제조직에 관한 조약, 상호원조에 관한 조약, 강화조약, 통상조약, 국가 또는 국민에게 재정적 부담을 지우는 조약, 입법사항에 관한 조약의 비준과 선전포고에 대하여 동의권을 가진다.

제43조 국회는 국정을 감사하기 위하여 필요한 서류를 제출케 하며 증인의 출석과 증언 또는 의견의 진술을 요구할 수 있다.

제44조 국무총리, 국무위원과 정부위원은 국회에 출석하여 의견을 진술하고 질문에 응답할 수 있으며 국회의 요구가 있을 때에는 출석답변하여야 한다.

제45조 국회는 의원의 자격을 심사하고 의사에 관한 규칙을 제정하고 의원의 징벌을 결정할 수 있다. 의원을 제명함에는 재적의원 3분지 2 이상의 찬성이 있어야 한다.

제46조 대통령, 부통령, 국무총리, 국무위원, 심계원장, 법관 기타 법률이 정하는 공무원의 그 직무수행에 관하여 헌법 또는 법률에 위배한 때에는 국회는 탄핵의 소추를 결의할 수 있다. 국회의 탄핵소추의 발의는 의원 50인 이상의 연서가 있어야 하며 그 결의는 재적의원 3분지 2 이상의 출석과 출석의원 3분지 2 이상의 찬성이 있어야 한다.

제47조 탄핵사건을 심판하기 위하여 법률로써 탄핵재판소를 설치한다. 탄핵재판소는 부통령이 재판장의 직무를 행하고 대법관 5인과 국회의원 5인이 심판관이 된다. 단, 대통령과 부통령을 심판할 때에는 대법원장이 재판장의 직무를 행한다. 탄핵판결은 심판관 3분지 2 이상의 찬성이 있어야 한다. 탄핵판결은 공직으로부터 파면함에 그친다. 단,

이에 의하여 민사상이나 형사상의 책임이 면제되는 것은 아니다.

제48조 국회의원은 지방의회의 의원을 겸할 수 없다.

제49조 국회의원은 현행범을 제한 외에는 회기중 국회의 동의 없이 체포 또는 구금되지 아니하며 회기전에 체포 또는 구금되었을 때에는 국회의 요구가 있으면 회기중 석방된다.

제50조 국회의원은 국회내에서 발표한 의견과 표결에 관하여 외부에 대하여 책임을 지지 아니한다.

제4장 정부

제1절 대통령

제51조 대통령은 행정권의 수반이며 외국에 대하여 국가를 대표한다.

제52조 대통령이 사고로 인하여 직무를 수행할 수 없을 때에는 부통령이 그 권한을 대행하고 대통령, 부통령 모두 사고로 인하여 그 직무를 수행할 수 없을 때에는 국무총리가 그 권한을 대행한다.

제53조 대통령과 부통령은 국회에서 무기명투표로써 각각 선거한다. 전항의 선거는 재적의원 3분지 2 이상의 출석과 출석의원 3분지 2 이상의 찬성투표로써 당선을 결정한다. 단, 3분지 2 이상의 득표자가 없는 때에는 2차투표를 행한다. 2차투표에도 3분지 2 이상의 득표자가 없는 때에는 최고득표자 2인에 대하여 결선투표를 행하여 다수득표자를 당선자로 한다. 대통령과 부통령은 국무총리 또는 국회의원을 겸하지 못한다.

제54조 대통령은 취임에 제하여 국회에서 좌의 선서를 행한다. '나는 국헌

	을 준수하며 국민의 복리를 증진하며 국가를 보위하여 대통령의 직무를 성실히 수행할 것을 국민에게 엄숙히 선서한다.'
제55조	대통령과 부통령의 임기는 4년으로 한다. 단, 재선에 의하여 1차 중임할 수 있다. 부통령은 대통령재임중 재임한다.
제56조	대통령, 부통령의 임기가 만료되는 때에는 늦어도 그 임기가 만료되기 30일 전에 그 후임자를 선거한다. 대통령 또는 부통령이 궐위된 때에는 즉시 그 후임자를 선거한다.
제57조	내우, 외환, 천재, 지변 또는 중대한 재정, 경제상의 위기에 제하여 공공의 안녕질서를 유지하기 위하여 긴급한 조치를 할 필요가 있는 때에는 대통령은 국회의 집회를 기다릴 여유가 없는 경우에 한하여 법률의 효력을 가진 명령을 발하거나 또는 재정상 필요한 처분을 할 수 있다. 전항의 명령 또는 처분은 지체 없이 국회에 보고하여 승인을 얻어야 한다. 만일 국회의 승인을 얻지 못한 때에는 그때부터 효력을 상실하며 대통령은 지체 없이 차를 공포하여야 한다.
제58조	대통령은 법률에서 일정한 범위를 정하여 위임을 받은 사항과 법률을 실시하기 위하여 필요한 사항에 관하여 명령을 발할 수 있다.
제59조	대통령은 조약을 체결하고 비준하며 선전포고와 강화를 행하고 외교사절을 신임접수한다.
제60조	대통령은 중요한 국무에 관하여 국회에 출석하여 발언하거나 또는 서한으로 의견을 표시한다.
제61조	대통령은 국군을 통수한다. 국군의 조직과 편성은 법률로써 정한다.
제62조	대통령은 헌법과 법률이 정하는 바에 의하여 공무원을 임면한다.
제63조	대통령은 법률의 정하는 바에 의하여 사면, 감형과 복권을 명한다. 일반사면을 명함에는 국회의 동의를 얻어야 한다.
제64조	대통령은 법률의 정하는 바에 의하여 계엄을 선포한다.

제65조 대통령은 훈장 기타 영예를 수여한다.

제66조 대통령의 국무에 관한 행위는 문서로 하여야 하며 모든 문서에는 국무총리와 관계국무위원의 부서가 있어야 한다. 군사에 관한 것도 또한 같다.

제67조 대통령은 내란 또는 외환의 죄를 범한 때 이외에는 재직중 형사상의 소추를 받지 아니한다.

제2절 국무원

제68조 국무원은 대통령과 국무총리 기타의 국무위원으로 조직되는 합의체로서 대통령의 권한에 속한 중요 국책을 의결한다.

제69조 국무총리는 대통령이 임명하고 국회의 승인을 얻어야 한다. 국회의원총선거후 신국회가 개회되었을 때에는 국무총리임명에 대한 승인을 다시 얻어야 한다. 국무위원은 대통령이 임명한다. 국무위원의 총수는 국무총리를 합하여 8인 이상 15인 이내로 한다. 군인은 현역을 면한 후가 아니면 국무총리 또는 국무위원에 임명될 수 없다.

제70조 대통령은 국무회의의 의장이 된다. 국무총리는 대통령을 보좌하며 국무회의의 부의장이 된다.

제71조 국무회의의 의결은 과반수로써 행한다. 의장은 의결에 있어서 표결권을 가지며 가부동수인 경우에는 결정권을 가진다.

제72조 좌의 사항은 국무회의의 의결을 경하여야 한다.
　　1. 국정의 기본적 계획과 정책
　　2. 조약안, 선전, 강화 기타 중요한 대외정책에 관한 사항
　　3. 헌법개정안, 법률안, 대통령령안
　　4. 예산안, 결산안, 재정상의 긴급처분안, 예비비지출에 관한 사항

5. 임시국회의 집회요구에 관한 사항

6. 계엄안, 해엄안

7. 군사에 관한 중요사항

8. 영예수여, 사면, 감형, 복권에 관한 사항

9. 행정각부 간의 연락사항과 권한의 획정

10. 정부에 제출 또는 회부된 청원의 심사

11. 대법관, 검찰총장, 심계원장, 국립대학총장, 대사, 공사, 국군총사령관, 국군참모총장, 기타 법률에 의하여 지정된 공무원과 중요 국영기업의 관리자의 임면에 관한 사항

12. 행정각부의 중요한 정책의 수립과 운영에 관한 사항

13. 기타 국무총리 또는 국무위원이 제출하는 사항

제3절 행정각부

제73조 행정각부장관은 국무위원중에서 대통령이 임명한다. 국무총리는 대통령의 명을 승하여 행정각부장관을 통리감독하며 행정각부에 분담되지 아니한 행정사무를 담임한다.

제74조 국무총리 또는 행정각부장관은 그 담임한 직무에 관하여 직권 또는 특별한 위임에 의하여 총리령 또는 부령을 발할 수 있다.

제75조 행정각부의 조직과 직무범위는 법률로써 정한다.

제5장 법원

제76조 사법권은 법관으로써 조직된 법원이 행한다. 최고법원인 대법원과

	하급법원의 조직은 법률로써 정한다.
	법관의 자격은 법률로써 정한다.
제77조	법관은 헌법과 법률에 의하여 독립하여 심판한다.
제78조	대법원장인 법관은 대통령이 임명하고 국회의 승인을 얻어야 한다.
제79조	법관의 임기는 10년으로 하되 법률의 정하는 바에 의하여 연임할 수 있다.
제80조	법관은 탄핵, 형벌 또는 징계처분에 의하지 아니하고는 파면, 정직 또는 감봉되지 아니한다.
제81조	대법원은 법률의 정하는 바에 의하여 명령, 규칙과 처분이 헌법과 법률에 위반되는 여부를 최종적으로 심사할 권한이 있다. 법률이 헌법에 위반되는 여부가 재판의 전제가 되는 때에는 법원은 헌법위원회에 제정하여 그 결정에 의하여 재판한다. 헌법위원회는 부통령을 위원장으로 하고 대법관 5인과 국회의원 5인의 위원으로 구성한다. 헌법위원회에서 위헌결정을 할 때에는 위원 3분지 2 이상의 찬성이 있어야 한다. 헌법위원회의 조직과 절차는 법률로써 정한다.
제82조	대법원은 법원의 내부규율과 사무처리에 관한 규칙을 제정할 수 있다.
제83조	재판의 대심과 판결은 공개한다: 단, 안녕질서를 방해하거나 풍속을 해할 염려가 있는 때에는 법원의 결정으로써 공개를 아니할 수 있다.

제6장 경제

제84조	대한민국의 경제질서는 모든 국민에게 생활의 기본적 수요를 충족할 수 있게 하는 사회정의의 실현과 균형 있는 국민경제의 발전을

기함을 기본으로 삼는다. 각인의 경제상 자유는 이 한계 내에서 보장된다.

제85조　광물 기타 중요한 지하자원, 수산자원, 수력과 경제상 이용할 수 있는 자연력은 국유로 한다. 공공필요에 의하여 일정한 기간 그 개발 또는 이용을 특허하거나 또는 특허를 취소함은 법률의 정하는 바에 의하여 행한다.

제86조　농지는 농민에게 분배하며 그 분배의 방법, 소유의 한도, 소유권의 내용과 한계는 법률로써 정한다.

제87조　중요한 운수, 통신, 금융, 보험, 전기, 수리, 수도, 가스 및 공공성을 가진 기업은 국영 또는 공영으로 한다. 공공필요에 의하여 사영을 특허하거나 또는 그 특허를 취소함은 법률의 정하는 바에 의하여 행한다. 대외무역은 국가의 통제하에 둔다.

제88조　국방상 또는 국민생활상 긴절한 필요에 의하여 사영기업을 국유 또는 공유로 이전하거나 또는 그 경영을 통제, 관리함은 법률이 정하는 바에 의하여 행한다.

제89조　제85조 내지 제88조에 의하여 특허를 취소하거나 권리를 수용 사용 또는 제한하는 때에는 제15조제3항의 규정을 준용한다.

제7장 재정

제90조　조세의 종목과 세율은 법률로써 정한다.

제91조　정부는 국가의 총수입과 총지출을 회계연도마다 예산으로 편성하여 매년 국회의 정기회 개회초에 국회에 제출하여 그 의결을 얻어야 한다. 특별히 계속지출의 필요가 있을 때에는 연한을 정하여 계속비로

서 국회의 의결을 얻어야 한다. 국회는 정부의 동의 없이는 정부가 제출한 지출결산 각항의 금액을 증가하거나 또는 신비목을 설치할 수 없다.

제92조 국채를 모집하거나 예산 외의 국가의 부담이 될 계약을 함에는 국회의 의결을 얻어야 한다.

제93조 예측할 수 없는 예산 외의 지출 또는 예산초과지출에 충당하기 위한 예비비는 미리 국회의 의결을 얻어야 한다. 예비비의 지출은 차기국회의 승인을 얻어야 한다.

제94조 국회는 회계연도가 개시되기까지에 예산을 의결하여야 한다. 부득이한 사유로 인하여 예산이 의결되지 못한 때에는 국회는 1개월이내에 가예산을 의결하고 그 기간 내에 예산을 의결하여야 한다.

제95조 국가의 수입지출의 결산은 매년 심계원에서 검사한다. 정부는 심계원의 검사보고와 함께 결산을 차연도의 국회에 제출하여야 한다. 심계원의 조직과 권한은 법률로써 정한다.

제8장 지방자치

제96조 지방자치단체는 법령의 범위 내에서 그 자치에 관한 행정사무와 국가가 위임한 행정사무를 처리하며 재산을 관리한다. 지방자치단체는 법령의 범위 내에서 자치에 관한 규정을 제정할 수 있다.

제97조 지방자치단체의 조직과 운영에 관한 사항은 법률로써 정한다. 지방자치단체에는 각각 의회를 둔다. 지방의회의 조직, 권한과 의원의 선거는 법률로써 정한다.

제9장 헌법개정

제98조　헌법개정의 제안은 대통령 또는 국회의 재적의원 3분지 1 이상의 찬성으로써 한다. 헌법개정의 제의는 대통령이 이를 공고하여야 한다. 전항의 공고기간은 30일 이상으로 한다. 헌법개정의 의결은 국회에서 재적의원 3분지 2 이상의 찬성으로써 한다. 헌법개정이 의결된 때에는 대통령은 즉시 공포한다.

제10장 부칙 〈제1호, 1948. 7. 17.〉

제99조　이 헌법은 이 헌법을 제정한 국회의 의장이 공포한 날로부터 시행한다. 단, 법률의 제정이 없이는 실현될 수 없는 규정은 그 법률이 시행되는 때부터 시행된다.

제100조　현행법령은 이 헌법에 저촉되지 아니하는 한 효력을 가진다.

제101조　이 헌법을 제정한 국회는 단기 4278년 8월 15일 이전의 악질적인 반민족행위를 처벌하는 특별법을 제정할 수 있다.

제102조　이 헌법을 제정한 국회는 이 헌법에 의한 국회로서의 권한을 행하며 그 의원의 임기는 국회개회일로부터 2년으로 한다.

제103조　이 헌법시행시에 재직하고 있는 공무원은 이 헌법에 의하여 선거 또는 임명된 자가 그 직무를 계승할 때까지 계속하여 직무를 행한다. 대한민국국회의장은 대한민국국회에서 제정된 대한민국 헌법을 이에 공포한다.

단기 4281년 7월 17일
대한민국국회의장 이승만

| 본문의 주 |

1 고종이 홍영식과 대통령제에 대해 토론하다

1 김원모 역, 〈견미사절 홍영식 복명문답기〉, 《사학지》 제15집 1호, 1981, 214~222쪽을 풀어 옮겼다.
2 안외순, 〈유가적 군주정과 서구 민주정에 대한 조선 실학자의 인식: 혜강 최한기를 중심으로〉, 《한국정치학회보》 제35집 4호, 2002, 71~75쪽에서 인용한 사료를 줄여 옮겼다.
3 조사 시찰단의 경험과 그 의미에 대해서는 다음 연구를 주로 참조하였다. 인용한 사료는 각각 다음의 글에서 줄여 옮겼다.
   • 허동현, 〈1881년 조사시찰단의 명치 일본정치제도 이해: 박정양의 내무성 『시찰기』와 『견문사건』류 등을 중심으로〉, 《한국사연구》 제86호, 1994, 124쪽.
   • 허동현, 《일본이 진실로 강하더냐: 근대의 길목에 선 조선의 선택》, 당대, 1999, 132~133쪽.
4 관훈클럽 신영연구기금 역·정진석 해제, 〈한성순보·한성주보〉 CD롬, 동방미디어, 2002에서 검색 후 풀어 썼다.

2 최초의 민주주의자를 찾아서

1 김갑천 역, 〈박영효의 건백서: 내정개혁에 대한 1888년의 상소문〉, 《한국정치연구》 제2집 1호, 1990, 288쪽을 풀어 썼다.
2 왕현종, 〈갑오개혁기 권력구조 개편과 군주권의 위상〉, 《동방학지》 제114집, 2001, 493쪽에서 인용한 글을 풀어 썼다.
3 박찬승, 〈1892, 1893년 동학교도들의 신원운동과 척왜양운동〉, 《1894년 농민전쟁연구 3: 농민전쟁의 정치사상적 배경》, 역사비평사, 1997을 참조하였다.
4 이광린·신용하 편저, 《사료로 보는 한국문화사》 5권, 일지사, 1993, 163~164쪽에 실린

21개 항목 가운데 일부를 풀어 옮겼다.
5 향회 설치와 관련해서는 다음 두 연구를 참조하였다.
- 이상찬, 〈1894·5년 지방제도 개혁의 방향: 향회의 법제화 시도를 중심으로〉, 《진단학보》 제67호, 1989.
- 김태웅, 〈근대 중국·일본의 지방자치론과 한말의 지방자치 문제〉, 《역사교육》 제64호, 1997.
6 김정기, 〈전봉준의 새 정치체제 구상〉, 《역사비평》 제73호, 2005, 216쪽에서 재인용하였다.
7 이광린, 〈유길준의 영문서한〉, 《동아연구》 제14집, 1989, 20~21쪽을 풀어 옮겼다.
8 다음 두 연구에서 인용한 사료를 간추려 옮겼다.
- 김신재, 〈제2차 갑오개혁기의 국가형태 개혁〉, 《경주사학》 제21집, 2002, 266쪽.
- 왕현종, 〈갑오개혁기 관제개혁과 관료제도의 변화〉, 《국사관논총》 제68집, 1996, 275쪽.

3 의회와 헌법을 상상하다

1 정진석 색인, 《독립신문》 1896년 5월 9일자, 《독립신문》 화상 DB, 한국언론재단, 2000. 학부주사 이필균이 지은 노래인데 CD 검색만으로도 당시에 여러 종류의 애국가가 불렸음을 알 수 있다.
2 칭제를 둘러싼 논란에 대해서는 다음 연구를 주로 참조하였다.
- 왕현종, 〈갑오개혁기 권력구조 개편과 군주권의 위상〉, 《동방학지》 제114집, 2001.
- 이민원, 〈칭제논의의 전개와 대한제국의 성립〉, 《청계사학》 제5집, 1988.
3 《고종실록》 1898년 2월 22일자 기사를 풀어 썼다(http://sillok.history.go.kr).
4 《윤치호일기》 5권 1898년 11월 5일자, '국편 DB' 〉 대한제국 〉 한국사료총서에 영어 원문이 실려 있다.
5 다음 두 연구를 참조하였다.
- 왕현종, 〈대한제국기 입헌 논의와 근대국가론: 황제권과 권력구조의 변화를 중심으로〉, 《한국문화》 제29집, 2002, 273~276쪽.
- 이나미, 《한국 자유주의의 기원》, 책세상, 2001, 134~144쪽.

4 군주제에서 민주공화제로

1   김도훈, 〈1910년대 초반 미주한인의 임시정부 건설론〉, 《한국근현대사연구》 제10호, 1999를 참고하였다. 이하 소개된 《신한민보》 원문은 '국편 DB' 〉 대한민국 〉 근현대신문자료에서 검색하였다.
2   박찬승, 〈한국의 근대국가 건설운동과 공화제〉, 《역사학보》 제200집, 2008, 322쪽에서 인용한 사료를 풀어 옮겼다.
3   신해혁명 전후 중국에서 활동한 한인에 대한 내용은 다음의 연구를 참조하였다. 인용한 조성환의 편지는 두 글에 모두 실렸다.
    • 민두기, 《신해혁명사: 중국의 공화혁명(1903~1913)》, 민음사, 1994.
    • 배경한, 〈상해 남경지역의 초기(1911~1913) 한인망명자들과 신해혁명〉, 《동양사학연구》 제67집, 1999.
4   대한광복회와 박상진에 대해서는 배경한(1999) 외에 다음의 연구를 참조하였다.
    • 조동걸, 〈대한광복회 연구〉, 《한국사연구》 제46호, 1983.
    • 권대웅, 《1910년대 독립운동》, 독립기념관 한국독립운동사연구소, 2009.

5 3·1운동, 마침내 대한민국이 탄생하다

1   박찬승(2008) 334쪽에 소개된 사료를 풀어 옮겼고, 박찬승, 〈3·1운동기 지하신문의 발간경위와 기사내용〉, 《한국학논집》 제44집, 2008을 참조하였다.
2   대동단 사건의 개요와 관련 사료는 박현모, 〈일제시대 공화주의와 복벽주의의 대립: 3·1운동 전후의 왕정복고운동을 중심으로〉, 《정신문화연구》 제30권 1호, 2007을 참조하였다.
3   '국편 DB' 〉 일제강점기 〉 한국독립운동사자료에 임시정부와 관련된 주요 자료의 전문이 실려 있다.
4   유진오가 아니라, 조소앙을 헌법의 아버지로 명명하자는 아이디어는 신우철, 〈건국강령(1941. 10. 28) 연구: "조소앙 헌법사상"의 헌법사적 의미를 되새기며〉, 《중앙법학》 제10집 1호, 2008을 참조하였다.
5   김희곤, 〈대한민국 임시의정원의 성격: 1919년 정부수립기를 중심으로〉, 《한국민족운

동사연구》 제5집, 1991에서 재인용하였다.

6 혁명의 시대, 자유와 평등을 양 날개로 삼아

1. 이태훈, 〈1920년대 초 신지식인층의 민주주의론과 그 성격〉,《역사와 현실》제67호, 2008을 참조하였고,《동아일보》기사는 '국편 DB' 〉 대한민국 〉 한국근현대신문자료에서 검색하였다.
2. 초기 사회주의 운동에 대해서는 다음 두 연구를 참조하였다.
   - 반병률, 〈이동휘와 1910년대 해외민족운동〉,《한국사론》제33집, 1995, 250~257쪽.
   - 임경석,《초기 사회주의 운동》, 독립기념관 한국독립운동사연구소, 2009.
3. 장신, 〈1920년대 민족해방운동과 치안유지법〉,《학림》제19집, 1998, 63쪽에서 재인용하였다.
4. 박헌호, 〈1920년대 전반기《매일신보》의 반-사회주의 담론 연구: 식민지 시기 검열과 한국문화, 1〉,《한국문학연구》제29집, 2005, 41~49쪽을 참조하였다.

7 민주공화국, 식민지 너머의 꿈

1. 한국독립당 당의와 당의 해석은 다음 연구의 번역을 옮겼다.
   한시준, 〈대한민국 임시정부의 광복 후 민족국가 건설론〉,《한국독립운동사연구》제3집, 1989.

8 선거를 통해 민주공화국을 세우자

1. 변은진, 〈일제의 "전시파쇼체제" 아래 국내 상황과 "해방", 그 역사적 의미〉,《민족문제연구》제6호, 1995, 17~18쪽에서 재인용하였다.
2. 이 시기 독립운동의 동향과 '결정적 시기 무장봉기론'에 대해서는 정병준,《광복 직전 독립 운동 세력의 동향》, 독립기념관 독립운동사연구소, 2009를 참조하였다.

3   한상도, 〈김두봉의 항일역정과 인생유전〉, 《인문과학논총》 제39집, 2003, 138~139쪽의 내용을 재구성하였다.
4   《매일신보》 1945년 8월 17일자, '국편 DB' 〉 대한민국 〉 한국근현대신문자료에서 검색하여 풀어 옮겼다.

9 남과 북, 분단으로 치닫다

1   권태억 외, 《자료모음 근현대 한국탐사》, 역사비평사, 1994, 312~317쪽 자료를 도표화한 것이다.
2   김동민, 〈동아일보의 신탁통치 왜곡보도 연구〉, 《한국언론정보학보》 제52호, 2010, 144~148쪽을 참조하였다.
3   다음 두 연구를 참조하였다.
    • 기광서, 〈러시아 문서보관소 사료로 본 소련의 대 북한 정책, 1945~47년〉, 《역사문화연구》 제23집, 2005.
    • 기광서, 〈해방 후 북한 중앙정권기관의 형성과 변화(1945~1948년)〉, 《평화연구》 제19권 2호, 2011.
4   한국미국사학회, 《사료로 읽는 미국사》, 궁리, 2006, 345~351쪽에서 재인용하였다.

10 대한민국은 민주공화국이다

1   국회 회의록, 국회 홈페이지 〉 정보광장 〉 국회정보시스템에 전문이 실려 있다.
2   다음 두 연구를 참조하였다. 조선 임시 약헌을 비롯하여 해방 직후 여러 헌법안은 고려대학교박물관 편, 《현민 유진오 제헌헌법 관계 자료집》, 고려대학교출판부, 2009에 정리되어 있다.
    • 신용옥, 〈우파세력의 단정 입법 시도와 조선 임시 약헌 제정의 정치적 성격〉, 《한국사학보》 제28호, 2007.
    • 서희경, 〈시민 사회의 헌법 구상과 건국 헌법에의 영향(1946~1947)〉, 《동양정치사상사》 제6집 2호, 2007.

3   북한에서 헌법을 제정하는 과정을 남한과 비교하는 내용은 서희경, 〈남한과 북한 헌법 제정의 비교 연구(1947~1948): 한국 근대국가와 입헌주의의 탄생, '진정한 민주주의'를 향한 두 가지의 길〉,《한국정치학회보》제41집 2호, 2007을 간추려 썼다.
4   제헌 국회 구성을 위한 선거법 제정 과정은 이영록,《우리 헌법의 탄생: 헌법으로 본 대한민국 건국사》, 서해문집, 2006, 42~51쪽을 간추려 썼다.
5   박태균,《한국전쟁》, 책과함께, 2005, 237쪽에서 재인용하였다.

일러두기
1. 국사편찬위원회 한국사데이터베이스는 '국편 DB'로 표기하였다.
2. 별도의 인용 표시 없는 임시정부 자료는 '국편 DB' 독립운동사자료실에서 확인한 것이다.
3. 별도의 인용 표시 없는 해방 직후 주요 언론 사료는 '국편 DB' 자료 대한민국사를 참조하였다.

| 참고문헌 |

●책의 얼개를 구성할 때 도움 받은 문헌

단행본

- 강정인 외, 《민주주의의 한국적 수용》, 책세상, 2002.
- 강정인 외, 《유럽 민주화의 이념과 역사》, 후마니타스, 2010.
- 고려대학교박물관 편, 《현민 유진오 제헌헌법 관계 자료집》, 고려대학교출판부, 2009.
- 김명주, 《헌법사 산책》, 산수야, 2010.
- 미셸린 이샤이, 《세계 인권 사상사》, 길, 2005.
- 민주화운동기념사업회 연구소, 《민주주의 강의 1 – 역사》, 오름, 2007.
- 서중석, 《한국현대민족운동연구》, 역사비평사, 1991.
- 송병헌, 《한국자유민주주의의 전개와 성격》, 민주화운동기념사업회, 2004.
- 이나미, 《한국 자유주의의 기원》, 책세상, 2001.
- 이영록, 《우리 헌법의 탄생 – 헌법으로 본 대한민국 건국사》, 서해문집, 2006.
- 이헌창, 《한국경제통사》 1판, 법문사, 1999.
- 정태헌, 《한국의 식민지적 근대 성찰》, 선인, 2007.
- 한국정치연구회 사상분과, 《현대 민주주의론 1》, 창비, 1998.
- 허수열, 《개발 없는 개발: 일제하, 조선경제 개발의 현상과 본질》, 은행나무, 2005.

논문

- 강만길, 〈독립운동과정의 민족국가건설론〉, 《한국민족운동사론》, 한길사, 1985.
- 김종윤, 〈근대 중국 지식인들의 서양 민주정치제도에 대한 인식〉, 《전주사학》 제4호, 1996.

- 문지영, 〈한국의 근대국가 형성과 자유주의: 민주화의 기원과 전망에 대한 재고찰〉, 《한국정치학회보》 제39집 1호, 2005.
- 박명림, 〈한국의 초기 헌정체제와 민주주의: '혼합정부'와 '사회적 시장경제'를 중심으로〉, 《한국정치학회보》 제37집 1호, 2003.
- 박찬승, 〈한국의 근대국가 건설운동과 공화제〉, 《역사학보》 제200집, 2008.
- 박훈, 〈근대초기 한중일에서의 헌정의 수용양태 비교시론〉, 《일본연구논총》 제25호, 2007.
- 서희경·박명림, 〈민주공화주의와 대한민국 헌법이념의 형성〉, 《정신문화연구》 제30집 1호, 2007.
- 서희경, 〈대한민국 건국헌법의 역사적 기원(1898~1919): 만민공동회·3·1운동·대한민국 임시정부헌법의 '민주공화' 정체 인식을 중심으로〉, 《한국정치학회보》 제40집 5호, 2006.
- 신용하, 〈19세기 한국의 근대국가형성 문제와 입헌공화국 수립 운동〉, 《사회와 역사》 제1권, 1986.
- 안외순, 〈조선에서의 민주주의 수용론의 추이: 최한기에서 독립협회까지〉, 《사회과학연구》 제9호, 2000.
- 유영렬, 〈한국에 있어서 근대적 정체론의 변화과정〉, 《국사관논총》 제103집, 2003.
- 윤대원, 〈임시정부 법통론의 역사적 연원과 의미〉, 《역사교육》 제110집, 2009.
- 윤대원, 〈한말 일제 초기 정체론의 논의 과정과 민주공화제의 수용〉, 《중국근현대사연구》 제12집, 2001.
- 이태진, 〈서양 근대 정치제도 수용의 역사적 성찰: 개항에서 광무개혁까지〉, 《진단학보》 제84호, 1997.
- 최갑수, 〈'리바이어던'의 등장: 절대주의국가에서 국민국가로의 이행〉, 《서양사론》 제82호, 2004.
- 최갑수, 〈근대 시민혁명과 민주주의: 프랑스대혁명의 사례를 중심으로〉, 《민주주의와 인권》 제3권 2호, 2003.

● 각 장별 참고문헌

1 고종이 홍영식과 대통령제에 대해 토론하다

- 권오영, 〈최한기의 서구제도에 대한 인식〉, 《한국학보》 제62호, 1991.
- 허동현, 〈1881년 조사시찰단의 명치 일본정치제도 이해: 박정양의 내무성 『시찰기』와 『견문사건』류 등을 중심으로〉, 《한국사연구》 제86호, 1994.
- 왕현종, 〈19세기말 개혁관료의 서구 정체인식과 입헌문제〉, 《한국사상사학》 제17집, 2001.
- 정용화, 〈조선에서의 입헌민주주의 관념의 수용: 1880년대를 중심으로〉, 《한국정치학회보》 제32집 2호, 1998.
- 안외순, 〈유가적 군주정과 서구 민주정에 대한 조선 실학자의 인식: 혜강 최한기를 중심으로〉, 《한국정치학회보》 제35집 4호, 2002.
- 김원모 역, 〈견미사절 홍영식 복명문답기〉, 《사학지》 제15집 1호, 1981.
- 허동현, 《일본이 진실로 강하더냐 : 근대의 길목에 선 조선의 선택》, 당대, 1999.

2 최초의 민주주의자를 찾아서

- 왕현종, 〈갑오개혁기 관제개혁과 관료제도의 변화〉, 《국사관논총》 제68집, 1996.
- 왕현종, 〈갑오개혁기 권력구조 개편과 군주권의 위상〉, 《동방학지》 제114집, 2001.
- 김정기, 〈전봉준의 새 정치체제 구상〉, 《역사비평》 제73호, 2005.
- 김태웅, 〈근대 중국·일본의 지방자치론과 한말의 지방자치 문제〉, 《역사교육》 제64호, 1997.
- 이상찬, 〈1894·5년 지방제도 개혁의 방향: 향회의 법제화 시도를 중심으로〉, 《진단학보》 제67호, 1989.
- 정용화, 〈입헌민주주의 수용과 정치체제의 변동〉, 《한국정치연구》 제14집 1호, 2005.
- 김신재, 〈제2차 갑오개혁기의 국가형태 개혁〉, 《경주사학》 제21집, 2002.
- 문지영, 〈개화기 조선의 '자유주의' 수용론: 기존 논의들에 대한 비판과 제언〉, 《사회과학연구》 제11집, 2003.

- 김갑천 역, 〈박영효의 건백서: 내정개혁에 대한 1888년의 상소문〉, 《한국정치연구》 제2집 1호, 1990.

3 의회와 헌법을 상상하다

- 신용하, 〈19세기 한국의 근대국가형성 문제와 입헌공화국 수립 운동〉, 《사회와 역사》 제1권, 1986.
- 왕현종, 〈대한제국기 고종의 황제권 강화와 개혁 논리〉, 《역사학보》 제208집, 2010.
- 왕현종, 〈대한제국기 입헌 논의와 근대국가론: 황제권과 권력구조의 변화를 중심으로〉, 《한국문화》 제29집, 2002.
- 도면회, 〈황제권 중심 국민국가체제의 수립과 좌절, 1895~1904〉, 《역사와 현실》 제50호, 2003.
- 김동택, 〈대한제국기 근대국가형성의 세 가지 구상〉, 《21세기 정치학회보》 제20집 1호, 2010.
- 장명학, 〈근대적 공론장의 등장과 정치권력의 변화: 《독립신문》 사설을 중심으로〉, 《한국정치연구》 제16집 2호, 2007.
- 주진오, 〈사회사상사적 독립협회 연구의 확립과 문제점〉, 《한국사연구》 제149호, 2010.
- 이신철, 〈독립협회와 만민공동회의 근대성 논의 검토〉, 《사림》 제39호, 2011.

4 군주제에서 민주공화제로

- 도면회, 〈《대한국 국제》와 대한제국의 정치구조〉, 《내일을 여는 역사》 제17호, 2004.
- 김도훈, 〈1910년대 초반 미주한인의 임시정부 건설론〉, 《한국근현대사연구》 제10호, 1999.
- 배경한, 〈상해 남경지역의 초기(1911~1913) 한인망명자들과 신해혁명〉, 《동양사학연구》 제67집, 1999.
- 조동걸, 〈임시정부 수립을 위한 1917년의 「대동단결선언」〉, 《한국학논총》 제9집, 1987.
- 김소진, 〈1910년대의 독립선언서 연구〉, 숙명여자대학교 박사학위논문, 1995.
- 민두기, 《신해혁명사: 중국의 공화혁명(1903~1913)》, 민음사, 1994.

5 3·1운동, 마침내 대한민국이 탄생하다

- 이현주, 〈3·1운동 직후 '국민대회'와 임시정부 수립운동〉, 《한국근현대사연구》 제6호, 1997.
- 김희곤, 〈대한민국 임시의정원의 성격: 1919년 정부수립기를 중심으로〉, 《한국민족운동사연구》 제5집, 1991.
- 박현모, 〈일제시대 공화주의와 복벽주의의 대립: 3·1운동 전후의 왕정복고운동을 중심으로〉, 《정신문화연구》 제30권 1호, 2007.
- 윤대원, 〈임시정부 법통론의 역사적 연원과 의미〉, 《역사교육》 제110집, 2009.
- 김기승, 《조소앙이 꿈꾼 세계》, 지영사, 2003.

6 혁명의 시대, 자유와 평등을 양 날개로 삼아

- 강만길, 〈독립운동과정의 민족국가건설론〉, 《한국민족운동사론》, 한길사, 1985.
- 김경택, 〈1910·20년대 동아일보 주도층의 정치경제사상 연구〉, 연세대학교 박사학위논문, 1999.
- 이태훈, 〈1920년대 초 신지식인층의 민주주의론과 그 성격〉, 《역사와 현실》 제67호, 2008.
- 박헌호, 〈1920년대 전반기 《매일신보》의 반–사회주의 담론 연구: 식민지 시기 검열과 한국문화, 1〉, 《한국문학연구》 제29집, 2005.
- 이나미, 〈일제의 조선 지배 이데올로기: 자유주의와 국가주의〉, 《정치사상연구》 제9집, 2003.
- 반병률, 〈이동휘와 1910년대 해외민족운동〉, 《한국사론》 제33집, 1995.
- 〈자료 발굴: 『조선공산당선언』〉, 《역사비평》 제19호, 1992.
- 한남제·김철수, 〈1920년대 치안유지법의 제정 적용과 식민지 지배〉, 《평화연구》 제20집, 1995.
- 장신, 〈1920년대 민족해방운동과 치안유지법〉, 《학림》 제19집, 1998.
- 임경석, 《초기 사회주의 운동》, 독립기념관 한국독립운동사연구소, 2009.

7 민주공화국, 식민지 너머의 꿈

- 방기중, 〈1930년대 물산장려운동과 민족자본주의 경제사상〉, 《동방학지》 제115집, 2002.
- 이상의, 〈일제강점기 노자협조론과 공장법 논의〉, 《국사관논총》 제94집, 2000.
- 정태헌, 〈경제성장론 역사상의 연원과 모순된 근현대사 인식〉, 《일본의 식민지 지배와 식민지 근대》, 동북아 역사재단, 2009.
- 한시준, 〈대한민국 임시정부의 광복 후 민족국가 건설론〉, 《한국독립운동사연구》 제3집, 1989.
- 강명희, 〈1940년대 한중 중간노선의 '신민주'적 국가건설 지향〉, 《중국근현대사연구》 제36집, 2007.
- 배경한, 〈삼균주의와 삼민주의〉, 《중국근현대사연구》 제15집, 2002.
- 허수열, 《개발 없는 개발: 일제하, 조선경제 개발의 현상과 본질》, 은행나무, 2005.

8 선거를 통해 민주공화국을 세우자

- 변은진, 〈일제 전시 파시즘기(1937~45) 조선민중의 '불온낙서' 연구〉, 《한국문화》 제55집, 2011.
- 변은진, 〈일제의 "전시파쇼체제" 아래 국내 상황과 "해방", 그 역사적 의미〉, 《민족문제연구》 제6호, 1995.
- 정용욱, 〈해방 이전 미국의 대한구상과 대한정책〉, 《한국사연구》 제83집, 1993.
- 한상도, 〈김두봉의 항일역정과 인생유전〉, 《인문과학논총》 제39집, 2003.
- 김영택, 〈8·15 해방당시 총독부가 여운형을 선택한 배경과 담판내용〉, 《한국학논총》 제29집, 2007.
- 정병준, 《광복 직전 독립 운동 세력의 동향》, 독립기념관 독립운동사연구소, 2009.

9. 남과 북, 분단으로 치닫다

- 김동민, 〈동아일보의 신탁통치 왜곡보도 연구〉, 《한국언론정보학보》 제52호, 2010.

- 서중석, 〈국내 독립운동세력의 해방 후 국가건설방향: 여운형의 인민공화국, 인민당, 신탁통치 관련 문제를 중심으로〉, 《대동문화연구》 제56집, 2006.
- 도진순, 〈1945~1946년 미국의 대한정책과 우익진영의 분화〉, 《역사와 현실》 제7호, 1992.
- 남광규, 〈미소공위와 미소의 조선임시정부 수립대책〉, 《국제정치논총》 제47집 3호, 2007.
- 기광서, 〈러시아 문서보관소 사료로 본 소련의 대 북한 정책, 1945~47년〉, 《역사문화연구》 제23집, 2005.
- 기광서, 〈해방 후 북한 중앙정권기관의 형성과 변화(1945~1948)〉, 《평화연구》 제19권 2호, 2011.
- 서중석, 《한국 현대 민족운동 연구: 해방 후 민족국가 건설운동과 통일전선》, 역사비평사, 1991.

10 대한민국은 민주공화국이다

- 김성보, 〈평화공존의 관점에서 본 남북 국가의 초기 성격과 상호경쟁〉, 《역사비평》 제83호, 2008.
- 정태헌, 〈해방 전후 경제계획론의 수렴과 전쟁 후 남북에서의 적대적 분화〉, 《한국사학보》 제17호, 2004.
- 신용옥, 〈우파세력의 단정 입법 시도와 조선 임시 약헌 제정의 정치적 성격〉, 《한국사학보》 제28호, 2007.
- 서희경, 〈시민 사회의 헌법 구상과 건국 헌법에의 영향(1946~1947)〉, 《동양정치사상사》 제6집 2호, 2007.
- 서희경, 〈남한과 북한 헌법 제정의 비교 연구(1947~1948): 한국 근대국가와 입헌주의의 탄생, '진정한 민주주의'를 향한 두 가지의 길〉, 《한국정치학회보》 제41집 2호, 2007.
- 박명림, 〈남한과 북한의 헌법제정과 국가정체성 연구: 국가 및 헌법 특성의 비교적 관계적 해석〉, 《국제정치논총》 제49집 4호, 2009.
- 김수용, 〈해방 후 헌법논의와 1948년 헌법제정에 관한 연구〉, 서울대학교 박사학위논문, 2007.
- 이영록, 《우리 헌법의 탄생: 헌법으로 본 대한민국 건국사》, 서해문집, 2006.

| 찾아보기 |

ㄱ

갑신일록 41, 44
갑신정변 41, 43, 44, 46, 68
갑오·을미 개혁 62, 67, 72
갑오개혁 54, 56~59, 62, 68, 77
갑오개혁파 57~59
개벽 129
개화당 41~44
개화파 50, 62
건국 강령 160~162, 194
건국동맹 173, 181
건국준비위원회 181, 185
경성공업협회 154
경성독립단 115, 116
경성콤그룹 170, 174
경장의정존안 54, 55
고려 임시정부 116
고려공화국 228
고사통 26
고종 23, 25, 70, 72, 73, 83, 84, 95~98, 110, 113, 228
공장법 156
과도입법의원 217~219, 225
광무 73

구국 선언 상소문 75
국권민유 130
국민당 158, 185
군국기무처 54~58
군권 81
군민공치 34, 35, 46, 50, 57
군민동치 34~37, 46
군사 독재 134, 156
군주제 14, 24, 25, 37
균등 사회 157, 159, 240, 241
김구 185, 193, 195, 199, 200, 206, 223, 224, 243, 244
김규식 100, 118, 206, 209, 218
김두봉 179, 185
김성수 132, 133, 185
김옥균 26, 27, 41, 43, 44
김용관 154
김윤식 56
김일성 185, 203, 204, 233
김정호 28
김철수 136
김홍집 56, 57, 62

ㄴ

남조선 과도 입법의원 240

ㄷ

대동단 113, 114
대동단결선언 103, 104, 114, 119, 157
대동여지도 28
대원군 25, 41, 52, 54, 57
대조선공화국 113, 116
대한 116
대한광복회 101, 102, 114
대한광복회 결의문 101
대한국 국제 82, 83, 96, 97, 121, 231
대한독립선언서 112, 119
대한매일신보 94
대한민국 임시정부 선언 157
대한민국 헌법 11, 19, 230, 231, 234, 239
대한신민회 93
대한인국민회 92
대한자강회 95
대한제국 95, 96, 98, 116, 120, 231
데라우치 마사타케 91
데모크라시 129, 159
도면회 96
독립동맹 173, 179, 185
독립신문 68, 70, 71, 73, 76, 86
독립촉성중앙협의회(독촉중협) 192, 194

독립협회 68, 72, 74~81, 84~86, 127
동북항일연군 173
동아일보 128, 129, 131~133, 196~198
동학 48, 51, 52
동학농민혁명 156

ㄹ

러시아 혁명 135, 140
루소 16

ㅁ

만민공동회 75, 76, 80, 81
매일신보 140, 141, 192
모스크바 3상 회의 198
무단 통치 132
문견사건 34
문창범 118
물산 장려 운동 134, 154
미·소공동위원회 198, 201, 204, 207~209, 217~219, 222
미국 독립 선언서 45
미국 혁명 14
민 14, 15
민권 33, 35, 37, 45~49, 59, 72, 82, 86, 103, 156
민권파 72, 73, 76
민족주의 131, 136, 139
민종묵 34

민주주의 37, 47~49, 59, 62, 83, 86, 127~136, 139~143, 153, 158, 159, 183, 198, 212, 223, 228, 230, 233, 234, 238, 241
민주주의민족전선(민전) 206, 207
민회 48, 49

ㅂ

박규수 26~28, 32
박상진 100~102
박영효 26, 27, 36, 41, 43, 45, 47, 81
박영효 상소문 45
박은식 104
박정양 34, 35, 56
박지원 32
박헌영 185, 201
반탁 운동 198~202, 205, 208
배달모듬 136
보국안민 51
보부상 79~81, 85
보빙사 23
복명문답기 25
북조선 임시 인민위원회 203
비상국민회의 206, 207

ㅅ

사발통문 52
사회계약론 16
사회계약설 14

사회주의 130, 131, 135~143, 151, 158, 159, 180, 205, 218, 234
삼균 제도 160, 161
삼균주의 240
삼민주의 158
삼부회 61
삼천 만 동포에게 읍고함 223
3·1운동 109~114, 125, 127, 128, 132, 133, 137, 195
상하이파 공산당 136
샌프란시스코 강화 회의 175
서울신문 228
서유견문 46
서재필 68, 72, 76, 81
선전 170
소선거구제 225
송진우 132, 133, 180, 185
신간회 185
신규식 99, 102, 114
신민당 204
신민주국 158, 159
신채호 104
신탁 통치 177, 178, 196~199, 201~203, 217
신한민국 115
신한민보 92~94
신해혁명 99~101, 156
쑨원 99~101, 167

ㅇ

아관파천 67, 70
안동 김씨 27
안재홍 181, 185, 217
안창호 93, 94, 99, 118, 158
애국가 71
얄타 회담 178, 210, 211
양기탁 94, 135
어윤중 56
여운형 180, 181, 185, 201, 209
영국 혁명 14
영환지략 26, 28, 29
오경석 26
왕권파 72, 73, 76, 78, 80
우가키 가즈시게 147
원자폭탄 179
유길준 46, 47, 56, 57, 60
유진오 231
유홍기 27, 28
윤치호 72, 73, 76, 78, 84
을사조약 91, 96~98, 125
이강(의친왕) 113, 114
이계심 13, 14
이광수 26
이규갑 112
이동녕 118, 121, 135, 158
이동휘 118, 135, 136
이상재 72, 76
이승만 118, 183, 185, 191~195, 198, 206, 209, 218, 224, 227, 229, 232, 242, 243
이시영 118
이완용 91, 110
이준 95
이하응(흥선대원군) 25, 41, 52, 54, 57
인민 주권 45, 58
인민당 185
인민위원회 181~183, 203, 204, 207, 209
일본 내무성시찰기 35
일본 시찰단 32
임시의정원 115, 116, 118, 120, 206, 207
임시정부 104, 111~121, 157, 159~162, 172, 176, 177, 179~182, 185, 192~196, 198~201, 206, 207, 212, 218, 219, 223, 227, 228, 229, 240, 242~245
임시헌장 117, 119~121
임오군란 42
입법권 45, 46, 60
입헌 정치 46, 47, 51, 58, 59

ㅈ

자연권 14
자유 민권 운동 33
자유주의 48~51, 56, 60, 62, 130, 131, 134, 135, 156, 158

자유주의 혁명 49, 156
자유주의자 49, 50, 131, 134, 135
장덕수 136
장제스 167
저항권 45
전봉준 16, 17, 50~54, 56~58
절명시 91
정무위원회 206
정약용 13, 14, 16, 17
정읍 발언 209
정통성 120, 243~245
제1차 세계대전 102, 177
제3신분 61
제국주의 50, 71, 97, 134, 141
제정당 사회 단체 연석회의 203, 205
제헌 국회 226, 227, 242
조만식 202
조봉암 216
조선 공업화 정책 147, 152
조선 민주주의 인민공화국 헌법 233, 234
조선 의용군 179, 183
조선 임시 약헌 219, 220, 240
조선공산당 137, 185, 194, 201
조선공화국 228, 243
조선교육협회 139
조선노동공제회 128
조선독립동맹 173, 185
조선독립신문 111, 112

조선물산장려회 139
조선민국 임시정부 116
조선민주당 202, 204
조선인민공화국 181~183, 185, 192, 194, 195, 212
조선적 민주주의 143, 159, 246
조성환 99
조소앙 100, 102, 103, 119, 120, 157~160, 240
주권민유 104
주시경 136
중일전쟁 167
중추원 68, 77, 79~81
중추원 신관제 77
중화민국 99, 116
지구도설 29
지구전요 29
직방외기 29
진헌식 216
집강소 54, 56, 58

ㅊ

참찬 44, 57
철종 27
청구도 28
청일전쟁 54
최고인민회의 217, 218, 221
최남선 26
최재형 118

최한기 28~31
치안유지법 141, 142, 151, 168
칙령 40, 77
친일파 62, 110, 163, 169, 170, 193, 195, 202, 229

ㅋ
카이로 회담 177

ㅌ
탕론 14
태평양 전쟁 175
토지 개혁 156, 204, 222, 224, 229

ㅍ
파리 강화 회의 115
프랑스 혁명 14, 61, 62
필립 제이슨 84

ㅎ
한국독립당 158~160, 240
한국독립당 당의 158, 159
한국민주당(한민당) 185, 193~195, 197, 198, 209, 218, 224, 226, 229
한성 정부 113, 244
한성순보 36, 37
한인회 173
해국도지 28, 29
향회 55, 56, 60

헌법 5, 11, 12, 19, 33, 35, 46, 83, 95, 117, 119, 219, 221, 227, 233
헌법 제정 기초위원회 221
헌법기초위원회 229
헌정연구회 95
헤이그 만국평화회의 96
홍경래 14, 16, 17
홍영식 23, 25~27, 32, 41, 43
홍진 112
황국신민화 163
황국협회 79
황성 99
황제 66, 72, 73, 76~83, 85, 91, 94, 98, 104, 113, 116, 121
황현 91, 92

민주공화국 대한민국의 탄생
우리 민주주의는 언제, 어떻게 시작되었나?

1판 1쇄 발행일 2012년 8월 20일
1판 6쇄 발행일 2020년 7월 27일

지은이 김육훈

발행인 김학원
발행처 (주)휴머니스트 출판그룹
출판등록 제313-2007-000007호(2007년 1월 5일)
주소 (03991) 서울시 마포구 동교로23길 76(연남동)
전화 02-335-4422 **팩스** 02-334-3427
저자·독자 서비스 humanist@humanistbooks.com
홈페이지 www.humanistbooks.com
유튜브 youtube.com/user/humanistma **포스트** post.naver.com/hmcv
페이스북 facebook.com/hmcv2001 **인스타그램** @humanist_insta

편집주간 황서현 **편집** 박상경 이영란 **디자인** 민진기디자인
지도 임근선 **사진** 규장각한국학연구소, 독립기념관, 민족문제연구소, 권태균
용지 화인페이퍼 **인쇄** 청아디앤피 **제본** 정민문화사

ⓒ 김육훈, 2012

ISBN 978-89-5862-522-3 03900

이 도서의 국립중앙도서관 출판예정도서목록(CIP)은 서지정보유통지원시스템 홈페이지(http://seoji.go.kr)와
국가자료공동목록시스템(http://www.nl.go.kr/kolisnet)에서 이용하실 수 있습니다.(CIP제어번호: CIP2012003632)

• 이 책은 저작권법에 따라 보호받는 저작물이므로 무단 전재와 무단 복제를 금합니다.
• 이 책의 전부 또는 일부를 이용하려면 반드시 저자와 (주)휴머니스트 출판그룹의 동의를 받아야 합니다.